Modernes Russisch

ДОРОГИ

Lese- und Arbeitsbuch für die Oberstufe

Herausgegeben von
Peter Jakubow, Dina Reppert und Ljubow Siebeneicher

Ernst Klett Schulbuchverlag
Stuttgart   Düsseldorf   Berlin   Leipzig

Modernes Russisch — ДОРОГИ

Herausgegeben von Peter Jakubow, Dettenhausen (Kapitel 4, 8, 10); Dina Reppert, Berlin (Kapitel 2, 3, 7, 9); Ljubow Siebeneicher, Potsdam (Kapitel 1, 5, 6).

> Tonträger zu ДОРОГИ
>
> Compact-Cassette mit Liedern und ausgewählten Texten des Schülerbuchs, Klettnummer 51523.
>
> Arbeitsheft zu ДОРОГИ
>
> Zu Дороги gibt es ein Arbeitsheft mit zusätzlichen Übungen zum Wortschatz und zur Grammatik, Klettbuch 51524.
>
> Lieferung durch jede Buchhandlung oder, wo dies auf Schwierigkeiten stößt, zuzüglich Portokosten per Nachnahme vom Ernst Klett Schulbuchverlag, Postfach 11 70, 71398 Korb.

Abkürzungsverzeichnis

Abk. — Abkürzung
Adj. — Adjektiv
Dim. — Diminutiv (Verkleinerungsform)
etw. — etwas
f. — femininum
fig. — übertragen
Gen. — Genitiv
Inf. — Infinitiv
jdm. — jemandem
jdn. — jemanden
kirchl. — kirchlich
lit. — literarisch
m. — maskulinum
Pers. — Person
Pl. — Plural
poet. — poetisch
s. — sich

s. S. — siehe Seite
Sg. — Singular
umg. — umgangssprachlich
ungebr. — ungebräuchlich
uv. — unvollendeter Aspekt
vo. — vollendeter Aspekt
Z. — Zeile

г. — год
гг. — годы
изд. — издательство
млн. — миллионы
млрд. — миллиарды
см. — смотрите
стр. — страница
чел. — человек

1. Auflage   1 ⁵ ⁴ ³ ² ¹ | 1997 96 95 94 93

Alle Drucke dieser Auflage können im Unterricht nebeneinander benützt werden; sie sind untereinander unverändert. Die letzte Zahl bezeichnet das Jahr dieses Druckes.
© Ernst Klett Schulbuchverlag GmbH, Stuttgart 1993. Alle Rechte vorbehalten.

Redaktion: Nina Benz und Dr. Hartmut K. Selke

Umschlaggestaltung: Hanjo Schmidt, Stuttgart.
Satz: Druckerei zu Altenburg GmbH, Altenburg
Druck: KLETTDRUCK H. S. GmbH, Korb
Printed in Germany.
ISBN 3-12-515210-0

Gedruckt auf Serena matt, hergestellt von den Cartiere del Garda aus chlorfrei gebleichtem Zellstoff, säurefrei und ohne optische Aufheller.

Vorwort

ДОРОГИ ist ein Lese- und Arbeitsbuch für den Russischunterricht im Anschluß an die Spracherwerbsphase. Es stellt den Übergang her zwischen dem Lehrwerk Окно oder anderen Lehrbüchern für die Mittelstufe und der vertieften Erarbeitung von Themen oder größeren literarischen Werken in der Oberstufe. Es soll, wie der Name Дороги sagt, Wege anbieten zur Annäherung an die russische Wirklichkeit. Die bisher erworbenen sprachlichen Kenntnisse und Fähigkeiten werden wiederholt und angewandt und mit dem Erwerb landeskundlichen Wissens verbunden.

Дороги deckt alle wesentlichen landeskundlichen Themen ab, die in den Lehrplänen der Bundesländer genannt werden. Es kann daher sowohl in Jahrgangsstufe 11 wie auch in den Grund- und Leistungskursen der Jahrgangsstufen 12 und 13 eingesetzt werden.

Ziel von Дороги ist es, Verständnis zu schaffen für die Dynamik des Wandels der russischen Gesellschaft. Manche Probleme der Umgestaltung Rußlands sind nur durch die Kenntnis historischer Zusammenhänge zu verstehen. Daher enthält Дороги auch Texte, die die Entwicklung der russischen Gesellschaft in einzelnen Lebensbereichen vorstellen. Neben den Möglichkeiten der rationalen Auseinandersetzung bietet Дороги auch verschiedene Wege der emotionalen Annäherung an Rußland an.

Dies wird insbesondere durch die Vielfalt der Textsorten erreicht. Das Buch enthält Texte verschiedenen inhaltlichen und sprachlichen Schwierigkeitsgrades vom literarisch anspruchsvollen Text bis zum umgangssprachlich geprägten Leserbrief. Die verschiedensten Textsorten sind vertreten: fiktionale wie nicht-fiktionale Texte, Poesie und einfache Sachtexte, informierende, reflektierende, kommentierende, aber auch unterhaltende Texte. So kann mit Hilfe von Дороги auf abwechslungsreiche Weise russische Landeskunde vermittelt werden.

Besondere Bedeutung kommt der sprachlichen und inhaltlichen Durcharbeitung der Texte zu. Daher ist an die meisten Texte ein Aufgabenapparat angeschlossen, mit dem die bisherigen sprachlichen Kenntnisse der Benutzer gesichert und erweitert werden und der zur inhaltlichen Erschließung der Texte führt. Hierbei werden auch Arbeitstechniken für den Umgang mit Texten geübt.

Дороги ermöglicht die Erweiterung des bisher gelernten Grundwortschatzes durch Worterklärungen, die unmittelbar dem jeweiligen Text beigegeben sind. Aktiv zu beherrschende Vokabeln sind als solche kenntlich gemacht und mit den notwendigen Lernhilfen (Angaben zu Deklination oder Konjugation) versehen.

Das Lese- und Arbeitsbuch ist in drei Hauptteile gegliedert. Der erste, propädeutische Teil enthält die Kapitel Как мы живём und Мечтатели и реалисты. Da in diesen Kapiteln Techniken der Texterschließung und -bearbeitung geübt werden, empfiehlt es sich, mit diesen Kapiteln zu beginnen.

Der zweite Teil des Buches besteht aus sieben landeskundlich orientierten Kapiteln. Hier werden verschiedene Bereiche des russischen Lebens in ihrer Vielseitigkeit und Komplexität vorgestellt. Die Kapitel sind unabhängig voneinander und können daher in beliebiger Reihenfolge gelesen und bearbeitet werden. Den dritten Teil des Buches bildet die Erzählung Самый счастливый день von Viktoria Tokarewa. Hier wird innerhalb eines literarischen Textes eine ganze Reihe von Aspekten angesprochen, die in den früheren Kapiteln erarbeitet wurden. Die Erzählung eignet sich daher gut als Abschlußlektüre.

Das Bildmaterial in Дороги wurde unter funktionalen Gesichtspunkten mit Bezug auf die Texte ausgewählt. Daher sind auch zu diesen Illustrationen in der Regel Aufgaben gestellt.

Autoren und Redaktion wünschen Ihnen erfolgreiche Arbeit mit Дороги.

Содержание

1. Как мы живём

1. Я не знаю, что будет завтра … … … … … Огонёк … … … … 7
2. А можно жить и так … … … … … … … … Правда … … … … 8
3. Ночной разговор … … … … … … … … … В. Маканин … … 10
4. Асфальтовая болезнь … … … … … … … Комсомольская Правда 13
5. Сенсация … … … … … … … … … … … … Спутник … … … 14
6. Муравейник … … … … … … … … … … … Виктор Цой … … 17
7. Немного о русском юморе … … … … … Огонёк … … … … 18

2. Мечтатели и реалисты

1. Лица площади свободы … … … … … … Юность … … … … 20
   а) Марина Комиссарова, 20 лет … … … … … … … … … … 20
   б) Ирина Веселова, 15 лет … … … … … … … … … … … … 21
   в) Павел Эльбрух, 29 лет … … … … … … … … … … … … 22
2. Колледж … … … … … … … … … … … … Культура … … … 24
   а) Глазами десятиклассницы … … … … … … … … … … … 24
   б) Глазами мамы … … … … … … … … … … … … … … … 26
   в) Глазами директора … … … … … … … … … … … … … 26
3. Жена из 9-го „А" … … … … … … … … … Смена … … … … 27
4. А вы пойте! … … … … … … … … … … … Аргументы и факты 30
5. Ищу свой путь … … … … … … … … … … Юность … … … … 31
6. Мы к року относимся очень серьёзно … Рок-музыка в СССР 33
7. Песня попугая … … … … … … … … … … В. Высоцкий … … 34
8. Гитары и свастика: русский рок сдвигается вправо. Известия … … 36

3. Настоящее можно понять из прошлого

1. Крепостное право … … … … … … … … … … … … … … … 38
   а) В воскресенье … … … … … … … … … А. Н. Радищев … 38
   б) Газетные объявления … … … … … … Московские ведомости 39
   в) Отмена крепостного права … … … … Г. Курамшина … 40
2. Аграрная реформа Столыпина … … … … Известия, Аргументы и факты … … 40
3. Холодная осень … … … … … … … … … И. А. Бунин … … 42
4. Революция в России … … … … … … … Д. Гаврилов … … 44
5. Строительство колхозов … … … … … … Хрестоматия … … 46
6. Выслушайте, товарищ Сталин! … … … … Юность … … … … 47
7. Коллективизация … … … … … … … … … З. Малышева … 48
8. Три года ссылки в Сибирь — это пустяк … А. Рыбаков … … 50
9. Он не вернулся из боя … … … … … … … В. Высоцкий … … 52
10. На братских могилах … … … … … … … В. Высоцкий … … 53

11.	Смерть тирана	Независимая газета	54
12.	Почему раньше было лучше?	Аргументы и факты	56
13.	Какое оно поколение застоя?	Юность	59
14.	Союз нерушимый	Гимн СССР	60
15.	Узлы конфликтов	Московские новости	60
16.	Из прощальной речи Михаила Горбачёва	М. Горбачёв	62
17.	После Союза: народы на распутье	Д. Гаврилова	63

4. О Русь! — О деревня!

1.	Цветок на земле	А. Платонов	64
2.	Посещение арендатора	Литературная газета	66
3.	Мужики	А. П. Чехов	68
4.	Две народные песни		72
а)	О чём задумался, служивый?		72
б)	Долюшка		72
5.	Катино поле	Голос родины	73
6.	Уборка картофеля	Е. Евтушенко	74
7.	Оставьте нам деревню!	Огонёк	77
8.	Картошка, лошади, собаки	Огонёк	79

5. Не хлебом единым

1.	Православие в России	Н. Фёдорова	81
2.	Пасхальная ночь	Л. Н. Толстой	82
3.	Трагедия церкви	Спутник	85
4.	Возрождение	Правда	86
5.	Пётр Ильич Чайковский	М. Антонов	87
6.	Александр Володин: несколько слов о Булате Окуджаве	А. Володин	89
7.	Последний троллейбус	Б. Окуджава	91
8.	В ритме времени	Московские новости	92
9.	Илья Ефимович Репин (1844—1930)	Л. Смирнова	94
10.	„Я никогда не забуду ..."	Спутник	96

6. Дом, в котором мы живём

1.	Охрана природы в XI веке	Русский язык за рубежом	98
2.	Экология в годы Советской власти		98
3.	Речка		99
4.	Месяц лжи	Правда, Практика	100
5.	В адрес Чернобыля	Литературная газета	102
6.	Мысли о Сибири	Известия	103
7.	Зелёный мир	Л. Смирнова	105

7. Жить без иллюзий

1. Экономика в первые годы Советской власти .... Д. Гаврилова 107
2. Промышленность России 20-х начала 30-х годов .. Д. Гаврилова 108
3. Энергетика .... Д. Гаврилова 110
4. Новые перспективы русских фирм .... Бизнес МН 113
5. Бизнес в Москве — не для слабонервных .... Московские новости . 114
6. Бизнес-клуб молодых .... Юность 116

8. Когда национальность становится проблемой

1. Что такое национальность .... Д. Лихачёв 118
2. Война после драки .... Московские новости . 118
3. Народы СССР .... Учебник географии .. 121
4. Немцы на Волге .... Б. Пильняк 123
5. Трагический август 1941-го .... В. Зандер 124
6. Воспоминания о нашей жизни в Сибири ...... Л. Ботт 128

9. Женщина вчера, сегодня ...

1. Женские проблемы в России Ивана Грозного
   и Петра Великого .... Независимая газета . 131
2. Борьба русских женщин за высшее образование .. П. А. Кропоткин ... 133
3. Элегия .... П. Вейнберг 135
4. Женщины на работе и дома .... Известия 136
5. Время назад .... Правда 137
6. О женских правах и работе .... Московские новости . 140
7. Строки из писем .... Правда, Советская
                                            культура, Огонёк ... 141

10. Из современной литературы

„Самый счастливый день" .... В. Токарева 144

1. Как мы живём

1. Я не знаю, что будет завтра …

Письмо пенсионерки в редакцию журнала „Огонёк"

Мне страшно жить, потому что я не знаю, что будет завтра. Ничего нельзя спланировать — не знаешь, какой будет следующий сюрприз нашего правительства. За квартиру надо платить намного дороже. Каждый день вводится дополнительная плата: за мусор, за лифт. А может быть вспомнить Петра I и начать брать налог с бороды, усов, с длинных — коротких волос. Пенсии моей не хватает даже на продукты. Многие старушки занялись бизнесом: у телефонных автоматов продают 15-копеечные монеты по 5 рублей и зарабатывают по 500 рублей в день. Плакать хочется от таких сообщений. Обидно, что мы привыкаем говорить не о достойной жизни, а о выживании.

Обидно и за Москву. Москва — это теперь один большой базар. Все что-то продают, даже дети. Это новая ситуация в жизни людей. Раньше всё запрещали, а теперь всё можно. Многие считают, что делать деньги — это очень важно. Куда мы пришли? Почему переход к рынку в нашей стране проходит так трудно? И всё-таки я не пессимист и надеюсь на лучшие времена.

По журналу *Огонёк*, № 50 – 52, 1992 г.

5 **правительство** Regierung – 7 **дополнительный** zusätzlich – 8 °**мусор** Müll – 9 °**налог** Steuer – 10 °**усы** Schnurrbart – 12 **продукты** *(Pl.)* Lebensmittel – 17 **привыкать/привыкнуть к чему** sich gewöhnen an etw. – 18 **достойный** würdig

Многие люди в России продают теперь всё, что у них есть, чтобы выжить.

Aufgaben zur Sprache

1. Schreiben Sie aus dem Text alle Fremdwörter heraus. Vergleichen Sie sie mit ihren deutschen Bedeutungen.

2. Erschließen Sie die Bedeutung der folgenden Wörter aus dem Zusammenhang des Textes:
   a) Z. 10 борода   b) Z. 19 выживание   c) Z. 23 запрещали
3. Ersetzen Sie die kursivgedruckten Substantive durch verbale Konstruktionen und verändern Sie die Satzstruktur entsprechend.
   a) Z. 17 Плакать хочется от таких *сообщений*.
   b) Z. 19 Мы привыкли говорить о *выживании*.
   c) Z. 26 *Переход* к рынку в нашей стране такой трудный.
4. Schreiben Sie aus dem Text alle Qualitätsadjektive heraus und bilden Sie dazu die Komparativ- und Superlativformen.
5. Schreiben Sie aus dem Text die Sätze mit Verneinung heraus und übersetzen Sie diese.

Вопросы и задания

1. Почему женщина, написавшая это письмо, так боится завтрашнего дня?
2. Какие сюрпризы преподносит правительство жителям страны?
3. Каким бизнесом должны заниматься старушки, чтобы выжить?
4. Почему автор этого письма сравнивает Москву с большим базаром?
5. Напишите письмо этой женщине. Успокойте её. Для этого используйте следующие выражения:

Утеше́ние и сочу́вствие (Trost und Mitgefühl)

Мне жаль (жа́лко), что так случи́лось.
Не беспоко́йтесь, всё бу́дет хорошо́.
Не на́до ду́мать об э́том.
Не надо так волнова́ться, всё бу́дет в поря́дке.
Всё ещё мо́жет измени́ться к лу́чшему.
Не па́дайте ду́хом. (Verlieren Sie nicht den Mut.)
На́до наде́яться на лу́чшее.

---

2. А можно жить и так

Коммунальная квартира, коммуналка — этих слов нет в немецком языке, потому что нет таких жилищных условий. Коммунальная квартира — явление социализма, которое существует и сегодня.

До революции большинство населения России жило в деревне. После революции, особенно в 20—30ые годы, миллионы людей переехали в города. Квартир для них не было. Они должны были жить по нескольку семей в одной квартире. Все думали, что это ненадолго. Но, к сожалению, очень много семей и сегодня живёт в коммунальных квартирах. Один русский писатель сказал: „Жизнь в коммунальной квартире — это ад". И тем не менее, иногда людям удаётся вести человеческий образ жизни даже в нечеловеческих условиях коммунальных квартир.

Я живу в коммунальной квартире. Наша семья въехала сюда ещё в 1938 году. За то время, что мы живём в этой квартире, у нас сменилось немало соседей. Тех, первых, что въехали сюда вместе с моей бабушкой, уже, конечно, нет в живых. А те, что получили отдельные квартиры, до сих пор ходят друг к другу в гости.

В нашей квартире 7 комнат, 12 человек, 3 детей, 2 собаки, которые не ладят друг с другом, и … попугай. У нас один туалет, одна ванная. Мы все одновременно уходим на работу и в школу и одновременно возвращаемся. Ещё у нас есть кухня 7 квадратных метров, где готовят свои блюда 4 семьи.

В нашей квартире живут люди разных профессий, разных возрастов и разных социальных групп. Мы покупаем дешёвые цветы у садового рабочего Татьяны. Мы были почти на всех концертах в телецентре „Останкино", когда муж Татьяны работал там охранником. Другая моя соседка, учитель математики с дипломом, (а пока воспитатель детского сада) решает задачи за всех детей и гадает нам на картах. Её муж бесплатно ремонтирует нам электроприборы. Мы знаем всех друзей и родственников друг друга.

Мы угощаем друг друга новыми блюдами, хвастаемся своими покупками и просим присматривать за детьми. Мои соседи одалживают друг у друга деньги, приглашают в „гости" на „видик", дают кости моей собаке, предлагают моему другу сигареты, которые в эпоху тотального дефицита так нелегко достать.

А я горожанка с высшим образованием, что я могу? Я пишу о моих соседях, чтобы все знали, какие замечательные люди — мои соседи по коммунальной квартире.

По газете *Правда*, № 127, 1992 г.

1 °**коммунáльная кварти́ра, коммунáлка** Wohnung, in der mehrere Familien wohnen – 2 °**жили́щные услóвия** Wohnbedingungen – **явлéние** Erscheinung – 7 °**к сожалéнию** leider – 8 °**ад** Hölle – 9 **удавáться/удáться** gelingen – **óбраз жи́зни** Lebensart – 14 °**сменя́ться/смени́ться** wechseln – 17 **отдéльная кварти́ра** Wohnung – 20 °**лáдить** (*uv.; umg.*) sich gut vertragen – 24 **возвращáться/возврати́ться** zurückkommen – 26 **блю́до** *hier:* Gericht, Gang – 28 **вóзраст** Alter – 33 °**охрáнник** Wächter – 35 °**воспитáтель** Erzieher – 36 °**гадáть** (*uv.*) Karten legen – 41 °**хвастáться** (*uv.*) prahlen – 43 °**одáлживать/одолжи́ть** leihen – 44 °**ви́дик** (*umg.*) Videorecorder – 45 °**кость** (*f.*) Knochen – **предлагáть/предложи́ть** anbieten – 47 **доставáть/достáть** *hier:* beschaffen – 48 °**вы́сшее образовáние** Hochschulbildung

Типичная для России архитектура — многоэтажные дома.

Aufgaben zur Sprache

1. a. Suchen Sie die Sätze heraus, in denen präfigierte Verben der Bewegung enthalten sind, und übersetzen Sie diese.
   b. Nennen Sie die Verben im Infinitiv und ergänzen Sie sie mit dem entsprechenden Verbpartner.
2. Beschreiben Sie mit einem Satz, wo die jeweiligen Beschäftigten arbeiten.
   a) Z. 30 садовый рабочий   c) Z. 33 охранник
   b) Z. 34 учитель   d) Z. 35 воспитатель
3. Stellen Sie die Wortfamilie zusammen zu den Begriffen: жить, родиться, писать.
4. Erschließen Sie die Bedeutung der kursivgedruckten Wörter aus dem Zusammenhang des Textes.
   a) Z. 22   Мы все *одновременно* уходим на работу.
   b) Z. 37, 38 Её муж *бесплатно* ремонтирует *электроприборы*.
   c) Z. 40   Мы *угощаем* друг друга новыми блюдами.
   d) Z. 42   Мы просим *присматривать* за детьми.
5. Stellen Sie aus dem Text ein Wortfeld zu dem Begriff квартира zusammen. Ordnen Sie in einer Tabelle nach Verben, Substantiven und Adjektiven.

Вопросы и задания

1. Опишите проблему жилищных условий в России.
2. Расскажите о возрасте жильцов коммунальной квартиры, об их профессиях.
3. Какие взаимоотношения сложились между жильцами?
4. Как влияют жилищные условия на человека?
5. „Жить в коммунальной квартире очень трудно, но иногда такая жизнь сближает людей."

А как вы думаете об этом? Вы можете начать свой ответ следующими словами:

Я счита́ю, что …
Я ду́маю, что …
По-мо́ему …
На мой взгляд …
Мне ка́жется, что …
Я уве́рен(а), что …
Предполо́жим, что …
Допу́стим, что …
У меня́ нет своего́ мне́ния по э́тому вопро́су, так как …

---

3. Ночной разговор

Владимир Маканин родился в 1937 году. Он пишет актуальные произведения о жизни своих современников. Герои его рассказов и повестей — это люди восьмидесятых годов. Они ищут ответ на вопрос: как жить, каким быть в этой жизни? …

Все говорят о том, что большой город отчуждает людей. Живём в одном доме, но ничего друг о друге не знаем. Асфальтовые джунгли, двадцатый век … Ничего подобного! В нашем, к примеру, доме нет никакой отчуждённости. Я знаю, например, о своих соседях решительно всё. И они обо мне тоже. За счёт слышимости.

Я слышу, как плачет ребёнок, как у мужа отнимают зарплату, как клянут белый свет ... И огромный дом в двенадцать подъездов — как жизнь.

— Ч-чёрт! — ругнулся я, к примеру, утром, не найдя в банке кофе. — Ведь собирался вчера купить — вот досада!

И юная соседка, конечно же, принесла мне несколько ложек кофе.

Потом был такой вот ночной разговор.

— Привет, — сказал мне Пётр Сергеевич, жилец из самого крайнего подъезда.

— Я с рыбалки вернулся.

— А я так и не съездил.

— Жаль. Хотелось бы порыбачить с тобой. Всё-таки спиннингист спиннингисту брат родной.

— Хорошо поймали?

— Есть кое-что.

Ночь была тихая, и мы разговаривали с Петром Сергеевичем через стены. Я лежал у себя в постели. Аля уехала. А он только что приехал с рыбалки и чистил рыбу.

Ночных голосов было мало, и мы легко различали друг друга. Как в эфире.

— Пётр Сергеевич, — спросил я, — вы в четыреста тридцать четвёртой квартире?

— Что ты! В четыреста тридцать седьмой.

— Ну всё равно. Дело в том, что неподалёку от вас на пятом вроде бы этаже среди ночи плачет какой-то ребёнок. Лет десяти.

— Не слышал ...

— А я слышал. Вчера. И позавчера.

— Зайду — спрошу.

И он вдруг засмеялся.

— А ты случайно не один в квартире?

— Один.

— Ну ясно. Ты, брат, димедролу на ночь попей.

Тут в разговор вмешался какой-то старичок с первого этажа. Он не спал. Он извинился, вздохнул и сказал, что димедрол здорово разрушает сердце. И ещё высыпал на нас пугающие медицинские познания. А в конце сказал:

— Извините.

Мы молчали.

— Этот чудак всегда встревает, — сказал Пётр Сергеевич. — Возьму-ка я нож поострее.

И я услышал, как он чистит рыбу. Потом он спросил:

— Как соседка? Как твоя Аля?

— Уехала.

Я замолчал. Было тихо. Стало клонить в сон. Я зевнул и ещё зевнул. Пётр Сергеевич бросил рыбу в таз, и вода громко плеснула.

По рассказу Владимира Маканина „Рассказ о рассказе". Москва: Молодая гвардия, 1989 г.

---

2 **современник** Zeitgenosse – 5 °**отчуждать** *(uv.)* entfremden – 7 °**ничего подобного!** nichts dergleichen – 10 °**решительно** *hier:* überhaupt – 11 °**слышимость** *(f.)* Hörbarkeit – 13 °**отнимать/отнять** wegnehmen – **зарплата** Arbeitslohn – °**клянуть** *(uv.)* verfluchen – 14 °**белый свет** die ganze Welt – 16 °**ругаться/ругнуться** schimpfen – 18 **собираться/собраться** *hier:* beabsichtigen – °**вот досада!** so ein Ärger! – 23 °**жилец** Mieter – °**подъезд** Eingang – 24 °**рыбалка** Angeln – 29 **ловить/поймать** fangen – 34 **чистить** *(uv.)* **рыбу** einen Fisch abschuppen – 37 °**различать/различить** erkennen – °**эфир** Äther – 41 °**что ты!** wo denkst du hin! – 43 °**неподалёку** in der Nähe – 44 °**вроде** anscheinend – 53 °**димедрол** Beruhigungsmittel – 55 °**вмешиваться/вмешаться** sich einmischen – 57 °**вздыхать/вздохнуть** seufzen – 58 °**разрушать/разрушить** zerstören – 59 °**высыпать/высыпать** ausschütten – °**пугающий** erschreckend – 60 °**познание** Erkenntnis – 63 °**встревать** *(uv.; umg.)* sich einmischen – 70 °**меня клонит в сон** ich nicke ein – 71 °**зевать/зевнуть** gähnen – 72 °**таз** Schüssel – 73 °**плескать/плеснуть** plätschern

Aufgaben zur Sprache

1. Ersetzen Sie die Adjektive durch Umschreibungen mit den zugrundeliegenden Substantiven.
   a) Z. 6   асфальтовые джунгли
   b) Z. 23 крайний подъезд
   c) Z. 59 медицинские познания
2. Erläutern Sie die folgenden Sätze aus dem Textzusammenhang:
   a) Z. 6, 7   Асфальтовые джунгли, двадцатый век.
   b) Z. 14, 15 Огромный дом — как жизнь.
   c) Z. 27, 28 Спиннингист спиннингисту брат родной.
3. a) Suchen Sie aus dem Text die Sätze mit Verben der Fortbewegung heraus, und übersetzen Sie diese.
   b) Nennen Sie die Verben der Fortbewegung im Infinitiv und ergänzen Sie den jeweiligen Aspektpartner.
4. Fügen Sie in die Sätze jeweils ein passendes Verb ein.
   a) Z. 10, 11 И они обо мне тоже.
   b) Z. 39   Вы в 434 квартире?
   c) Z. 48   Вчера. И позавчера.
5. Übertragen Sie Z. 22–30 in die indirekte Rede.

Вопросы и задания

1. Как вы думаете, почему большой город отчуждает людей?
2. Что рассказчик знает о своих соседях и почему он всё это знает?
3. Что рассказал о рыбалке Пётр Сергеевич?
4. Что беспокоит в последнее время рассказчика среди ночи?
5. Какое средство от одиночества посоветовал ему Пётр Сергеевич?
6. Как прореагировал на это старик с первого этажа?
7. Какую жилищную проблему с юмором демонстрирует автор текста?
8. Сравните этот текст с текстом „Коммунальная квартира". Какие можно провести параллели?
9. Представьте себе, что Пётр Сергеевич побывал в квартире, где плачет ребёнок. Расскажите об этом. Употребите в своём рассказе выражения удивления или негодования:

Удивле́ние (Erstaunen)	Негодова́ние (Entrüstung)
Я поражён(а). — Das gibt's doch nicht!	Ну, уж зна́ете! — Das geht zu weit!
Невероя́тно! — Unglaublich!	Это уж сли́шком. — Das ist zu viel.
Не мо́жет э́того быть! — Das kann doch nicht wahr sein!	Ты что, на са́мом де́ле. — Bist du nicht bei Trost?
Что вы (ты)! — Was Sie nicht sagen!	
Вот э́то да! — Na, so was!	

4. Асфальтовая болезнь

Гласность и перестройка изменили жизнь в России. Реклама, кока-кола и макдональдс стали реальностью и для русских. Одним из новых хобби стал и скейтборд.

Скейтборд — порождение города, его стиля жизни. Он родился на улице, и здесь ему лучше всего. Не случайно наиболее популярным является стритстайл — или „уличный стиль".

В начале восьмидесятых годов впервые на улицах и площадях многих городов России появились ребята, катающиеся на необычных роликовых досках. „Скейтборд" — это слово звучало непривычно. Многим казалось, что это увлечение не приживётся на русской земле.

Повальное увлечение вскоре пошло на убыль, зато появились почти профессионалы. Их можно встретить близ Центрального стадиона имени Ленина в Лужниках. И не только в Москве, но и в других городах.

Появились даже турниры. Один из них проходит каждый год в городе Саратове. Сначала в городе был организован городской клуб любителей скейтборда, и назвали его „Фантастика". Дальнейший ход событий и впрямь похож на фантастику. В городе стали ежегодно проводиться соревнования по скейтборду, был построен скейтодром и рампа. Поэтому не случайно, что первый в России турнир на роликовых досках был проведён в Саратове. Скейтборд — „открытие XX века" — уже не только спортивное увлечение, это уже стиль жизни.

По газете *Комсомольская правда*, 20. 07. 1991 г.

боле́знь *(f.)* Krankheit – 3 °**порожде́ние** Produkt; Erscheinung – 11 °**необы́чный** ungewöhnlich – **доска́** Brett – 12 °**непривы́чно** ungewohnt – 14 °**прижива́ться/прижи́ться** sich einleben – 15 °**пова́льный** allgemein – °**пойти́ на у́быль** *(f.)* sich verringern – 17 °**близ** nahe, bei – 26 °**ход собы́тий** Lauf der Dinge – °**впрямь** tatsächlich – 32 **откры́тие** Erfindung

Aufgaben zur Sprache

1. Schreiben Sie aus dem Text alle Fremdwörter heraus.
2. a) Schreiben Sie aus dem Text alle Sätze mit passiven Wendungen heraus und übersetzen Sie diese.
   b) Wandeln Sie die passiven Wendungen in aktive um.
3. Erschließen Sie die Bedeutung der kursivgedruckten Wörter aus dem Zusammenhang des Textes.
   a) Z. 10 *Появились* ребята, катающиеся на роликовых досках.
   b) Z. 15 Повальное *увлечение* пошло на убыль.
   c) Z. 31 Турнир *был проведён* в Саратове.
4. Nennen Sie alle Wörter der Wortfamilien увлечение, любитель, спортивный.

Вопросы и задания

1. Как вы думаете, почему увлечение скейтбордом возникло именно в городе?
2. Когда скейтборд впервые появился в России?
3. Как скейтборд называется по-русски?
4. Какие условия для занятия скейтбордом есть в городе Саратове?
5. Чем увлекается молодёжь вашей страны?

Как мы живём

6. Какие возможности для занятия спортом есть в вашем городе/селе?
7. Какие „открытия" XX века вы можете ещё назвать?
8. Назовите типично русские виды спорта и их причины.
9. „Скейтборд — открытие XX века — уже не только спортивное увлечение, это уже стиль жизни". А вы тоже убеждены в этом или сомневаетесь? В своём ответе используйте следующие выражения:

Убеждéние (Überzeugung)	**Сомнéние** (Zweifel)
Я убеждён (убежденá) …	Я не совсéм убеждён в э́том.
Я не сомневáюсь …	Я о́чень сомневáюсь.
По-мо́ему, э́то ве́рно …	Едвá ли …
Да, коне́чно!	Прáвда? Серьёзно?
В э́том не мо́жет быть сомне́ния!	Вы действи́тельно так считáете?

Это мы любили всегда: мороженое зимой.

Новый стиль жизни: на роликах с папой.

5. Сенсация

Вся семья долго обсуждала, где мы будем проводить каникулы в этом году.

— Проводить их в городе, где живёшь, — сказал я, — это трата времени. Ходить некуда, смотреть нечего. Предлагаю поехать в какой-нибудь старинный город. Там всегда найдётся что-нибудь любопытное. Поедем? — спросил я сына.

— Поедем, — ответил он. — Только лично я за Золотое Кольцо. Побродить по старому Владимиру — это же мечта!

— И я хочу во Владимир, — сказала моя маленькая дочь Маша.

Решено. Мы уедем из Новгорода и посмотрим на другие города. Но наши планы не сбылись. К нам в гости на каникулы приехал из Архангельска мой брат Леонид с дочкой Анютой. Он обещал ей показать достопримечательности Новгорода.

— И что же ты хочешь показать ей здесь? — спросил я.

— Сначала сходим в ваш музей и посмотрим на коллекцию уникальных берестяных писем. Текст берестяного письма донёс до нас мысли человека XII века. Что можно сравнить с таким феноменом! Это же сенсация для славянской письменности!

— Уже несколько лет я хочу посмотреть на этот феномен, — подумал я про себя.

— Потом ты поведёшь нас в кремль и в Софийский собор. Ты, наверное, там часто бываешь? ...

Последний раз я был на территории кремля перед женитьбой, и попали мы туда с моей будущей женой только потому, что нам негде было целоваться, — вспомнил я.

— А вы поведёте нас в Грановитую палату? — спросила Анюта.

— Конечно, — успокоил её мой братец. — Там мы увидим ещё один шедевр — ларец XI века, дар шведского короля Елизавете I.

Моя семья сидела молча. Вдруг моя дочь спросила почему-то не меня, а моего брата: — А что нам папа ещё покажет?

— Что же я могу вам ещё показать? — заинтересовался я.

— Ты покажешь нам Торг и Юрьев монастырь. Потом мы посмотрим на ваш новый пешеходный мост, который называется „Горбатый". Побродим по вашим улицам и паркам.

Одной из достопримечательностей Новгорода является музей под открытым небом, на территории которого находится эта деревянная церковь из 16го – 18го веков.

— Хочу остаться в Новгороде, — сказала моя дочь.

Мне стало стыдно. Человек, живущий совсем в другом городе, открывал нам, новгородцам, — Новгород. Какой эрудит! Представляю, как он знает свой родной город Архангельск!

— В этом году мы покажем вам Новгород, а в следующем году вы покажете нам Архангельск! — предложил я.

— Будем очень рады! Но только ходить у нас некуда, смотреть нечего … — последовал ответ.

По материалам журнала *Спутник*, № 1, 1979 г.

---

1 **обсуждать/обсудить** erörtern – 4 °**трата времени** Zeitverlust – 8 °**любопытное** *hier:* Interessantes – 11 **бродить/побродить** bummeln – 17 °**сбываться/сбыться** sich erfüllen – 20 **достопримечательность** *(f.)* Sehenswürdigkeit – 25 **берестяной** auf Birkenrinde – 35 °**собор** Dom, Kathedrale – 38 **женитьба** Heirat – 45 °**шедевр** Meisterwerk – 46 °**ларец** Schatulle – °**дар** Geschenk – 53 °**Торг** Markt – 54 **монастырь** *(m.)* Kloster – 55 **пешеходный мост** Fußgängerbrücke – 56 °**горбатый** gebogen; bucklig – 61 **открывать/открыть** *hier:* entdecken

Aufgaben zur Sprache

1. Nennen Sie den jeweiligen Aspekt der Verbformen und begründen Sie aus dem Zusammenhang die Aspektwahl. Nennen Sie das jeweilige Aspektpaar im Infinitiv.
   a) Z. 1 обсуждала
   b) Z. 10 ответил
   c) Z. 38 попали
   d) Z. 41 вспомнил
   e) Z. 61 открывал
   f) Z. 67 предложил
2. Schreiben Sie die Sätze heraus, in denen Negativpronomen enthalten sind, und übersetzen Sie diese Sätze.
3. Stellen Sie ein Wortfeld достопримечательности города zusammen.
4. Schreiben Sie aus dem Text alle präfigierten Verben der Fortbewegung heraus. Erklären Sie den Gebrauch der Präfixe.
5. Übertragen Sie Zeile 22—35, 42—47 in die indirekte Rede.

Вопросы и задания

1. Куда хотела поехать семья из Новгорода в отпуск?
2. Почему этой семье не удалось осуществить свои планы?
3. Какие планы были у брата Леонида из Архангельска?
4. Какие достопримечательности хотел осмотреть Леонид в Новгороде?
5. Какой музей хотел он посетить в Новгороде и какие прогулки по городу он планировал?
6. Как реагировала семья на восторженные рассказы брата Леонида о Новгороде?
7. Какое мнение у Леонида о его родном городе Архангельске?
8. А как вы считаете, стоит проводить отпуск в городе, где живёшь?

Города России

Город Архангельск — областной центр. Он расположен на реке Северной Двине и на берегу Белого моря. Город был основан в 16-ом веке. Это большой речной и морской порт.

Город Владимир — областной центр. Это один из древнейших русских городов. Он был основан в 12 веке. В городе много памятников старины.

Город Новгород расположен на реке Волхов. Это древний русский город. Он был основан в 9—10 веках. Новгород был крупнейшим центром ремесла, торговли и древней русской культуры. В городе много памятников русского зодчества.

Золотое Кольцо. Так называют семь старинных городов России. Это такие города как Загорск, Москва, Переславль Залесский, Ростов, Ярославль, Суздаль, Владимир.

°областно́й Gebiets- — дре́вний antik, uralt
па́мятник Denkmal — старина́ alte Zeiten —
°ремесло́ Gewerbe — торго́вля Handel —
°зо́дчество (lit.) Baukunst

Как мы живём

9. Что предложили бы вы осмотреть вашему гостю в вашем родном городе/селе?
10. Где вы проводите ваши каникулы?
11. У вас гость из России. Он просит у вас совета, что ему посмотреть в вашем городе/селе. Посоветуйте ему, употребив выражения в рамке.

> Я советую вам сходить …
> Мне хочется предложить вам + Inf.
> Вы не хотели бы + Inf.
> Если вы интересуетесь спортом (музыкой, архитектурой), то сходите …

6. Муравейник

Призывы к „светлому будущему" и реальная жизнь начала 80х. Это волновало и стариков и молодёжь. Молодёжь начала петь в своих песнях обо всём наболевшем, не „светлом" и не „воздушном". И один из тех, кто не просто пел, а кричал был Виктор Цой. Он писал стихи, сочинял музыку к ним, пел. С его песнями молодёжь вышла в августе
5 *1991 года на улицы Москвы.*
Виктор родился в Ленинграде в 1962 году. После восьмого класса он начал учиться в художественном училище, но его исключили. За свою жизнь он сменил много профессий. В последнее время он работал кочегаром. Вечерами он выступал с группой „Кино", руководителем которой он стал. В августе 1990 года Виктор погиб в автомобильной
10 *катастрофе. Песни Виктора очень популярны.*

Начинается новый день
И машины туда, сюда.
Раз уж солнцу вставать не лень
И для нас, значит, ерунда.
15 Муравейник живёт.
Кто-то лапку сломал — не в счёт,
А до свадьбы заживёт,
А помрёт, так помрёт.
Я не люблю, когда мне врут,
20 Но от правды я тоже устал.
Я пытался найти приют.
Говорят, что плохо искал.
И я не знаю, каков процент
Сумасшедших на данный час,
25 Но, если верить глазам и ушам,
Больше в несколько раз.
И мы могли бы вести войну
Против тех, кто против нас.
Так как те, кто против тех,
30 Кто против нас,
Не справляются с ними без нас.
Наше будущее — туман.
Наши деньги не лезут в карман.
Вот и утро. Вставай!

Стена памяти Виктора Цоя на Арбате в Москве. Прочитайте надписи на стене.

°**мураве́йник** Ameisenhaufen – 1 °**призы́в** Aufruf – °**све́тлое бу́дущее** lichte Zukunft – 2 °**наболе́вшее** wunder Punkt – 7 °**худо́жественное учи́лище** Kunstschule – °**исключа́ть/исключи́ть** ausschließen – **сменя́ть/смени́ть** wechseln – 8 °**кочега́р** Heizer – 9 **руководи́тель** (*m.*) Leiter – °**погиба́ть/поги́бнуть** umkommen – 13 **лень** (*f.*) Faulheit – 14 °**ерунда́** Kleinigkeit – 16 °**ла́пка** (*Dim. v.* ла́па) Pfötchen – °**лома́ть/слома́ть** brechen – 17 °**зажива́ть/зажи́ть** heilen – 18 °**помира́ть/помере́ть** (*umg.*) sterben – 21 °**прию́т** Unterkunft – 24 °**сума́сше́дший** Geisteskranker – 31 °**справля́ться/спра́виться** fertigwerden – 32 °**тума́н** Nebel – 33 °**лезть/зале́зть в карма́н** *hier:* in die Tasche passen

Вопросы и задания

1. Как реагировала молодёжь бывшего Советского Союза на проблемы?
2. Когда и где родился Виктор Цой?
3. Где он учился и работал?
4. Что было его главной профессией?
5. Переведите содержание этой песни на немецкий язык.
6. Найдите в тексте строки, в которых говорится о безразличии к человеку.
7. О каких временах говорит Виктор в строках:
   „Я не люблю, когда мне врут,
   Но от правды я тоже устал"?
8. Как характеризует Виктор Цой состояние сегодняшней России?

7. Немного о русском юморе

Если человек видит свои недостатки — это уже хорошо. А если он может и смеяться над ними — это просто прекрасно. Говорят, у таких людей есть юмор.

В России всегда было немало людей, которые остроумно реагировали в форме анекдота на недостатки общества и черты характера русского человека. Никто не знал, откуда появлялись эти феноменальные остроумные шутки. Но вскоре после любого события был готов и анекдот к нему. Недостатков в жизни не уменьшалось, поэтому и анекдотов было всегда достаточно.

Раньше, до перестройки, рассказывать политические анекдоты было небезопасно. Рассказывали их в кругу хороших знакомых или друзьям. А анекдоты на злобу дня можно было услышать повсюду.

Некоторые русские артисты-сатирики заполняют свои программы только анекдотами. На их выступления билеты всегда проданы. Русские любят и ценят этих артистов, потому что они помогают им смехом отвлечься от проблем и … жить дальше.

1. В автомобильный магазин заходит человек и спрашивает сидящего за прилавком продавца:
   — Скажи, машины в продаже есть?
   — Есть.
   — И что, можно вот сейчас купить „Волгу"?
   — Можно купить.
   — А можно „Москвич"?
   — Можно.
   — А девятку белого цвета?
   — Пожалуйста.
   — Слушай, что ты из меня дурака делаешь?
   — Так ты первый начал.

2. Врач:
— Вам предписано потеплее укрыться и лежать, а вы целый день ходите по магазинам.
Больной:
— Ищу одеяло.

3. — Что делает ваш шеф-повар?
— Выдумывает новое название для вчерашних котлет.

4. — Это моя последняя реалистическая картина. Она называется „Штукатуры за работой".
— Но я вижу, что они сидят и курят.
— Так я же вам сказал, что это реалистическая картина.

5. В квартиру звонят. Хозяин открывает дверь и видит водопроводчика.
— У вас в ванной лопнула труба?
— Нет.
— Как так? Это же квартира Петровых?
— Уже нет. Уже два месяца, как они переехали на новую квартиру.
— Что за люди? Вызывают водопроводчика, а сами уезжают!

6. В коммунальной квартире девушка моется под душем. Вдруг видит, что сквозь фрамугу на неё глядит небритая физиономия.
— Как вам не стыдно! Вы что, не видели обнажённую натуру.
— Плевать мне на твою натуру. Я смотрю, чьим ты мылом моешься.

7. В зоомагазине.
— У вас есть попугай?
— К сожалению, нет. Но можем предложить дятла.
— А что он тоже говорит?
— Нет, но он владеет азбукой морзе.

8. Муж говорит жене:
— Я сейчас лягу спать, а когда захочу выпить, ты меня разбуди.
— А как я узнаю, когда ты захочешь?
— Ты меня только разбуди.

9. — Товарищ милиционер, скажите, по этой улице ходить не опасно?
— Было бы опасно, я бы здесь не ходил.

По журналу *Огонёк*, 1990 г.

1 **недостáток** Mangel – 3 °**остроýмно** geistreich, witzig – 6 **собы́тие** Ereignis – **уменьшáться/уме́ньшиться** weniger werden – 7 °**достáточно** genügend – 8 °**небезопáсно** nicht ungefährlich – 9 **злóба дня** Tagesereignis – 10 °**повсю́ду** überall – 11 **заполня́ть/запóлнить** gänzlich füllen – 12 **выступлéние** Auftritt – **цени́ть/оцени́ть** zu schätzen wissen – 13 °**отвлекáться/отвлéчься** (отвлекýсь/отвлечёшься) sich ablenken lassen – 16 °**прилáвок** Ladentisch – 18 **продáжа** Verkauf – 25 °**девя́тка** Automodell „Lada" N 9 – 31 °**предпи́сывать/предписáть** vorschreiben – °**укрывáться/укры́ться** (укрóюсь/укрóешься) sich bedecken – 35 **одея́ло** Decke – 37 °**выдýмывать/вы́думать** ausdenken – 40 °**штукатýр** Putzer – 46 **водопровóдчик** Klempner – 47 °**лóпнуть** (vo.) platzen – °**трубá** Rohr – 53 **вызывáть/вы́звать** kommen lassen – 57 °**сквозь** durch – °**фрамýга** Oberteil des Fensters – °**небри́тый** unrasiert – 58 **физионóмия** (umg.) Gesicht – 60 °**обнажённый** nackt – 61 °**плевáть/плю́нуть** pfeifen auf – 62 **мы́ло** Seife – 66 °**дя́тел** Specht – 68 °**владéть** (uv.) beherrschen – °**áзбука мóрзе** Morsealphabet – 71 **буди́ть/разбуди́ть** wecken

Вопросы и задания

1. Переведите анекдоты на немецкий язык.
2. Назовите проблемы, которые затрагивают анекдоты.
3. Перескажите анекдот, который вам понравился больше всего.

2. Мечтатели и реалисты

1. Лица площади Свободы

Поколения 90-х нет? Есть! О нём узнали во время путча 19—21 августа 1991 года. По телевизору объявили, что возвращается старая жизнь, и поколение моментально прибежало к Дому Советов РСФСР — защищать жизнь новую. Защитники баррикад у „Белого дома" России отвечают на три вопроса журнала „Юность":
5 *1. Почему ты пришёл на баррикады?*
  2. Что изменилось в тебе за эти три дня?
  3. Как ты собираешься жить завтра?

Марина Комиссарова, 20 лет, студентка МГУ, мастер спорта по дзюдо

1. Ребята сразу поехали к „Белому дому",
10 а я сначала думала, что это ещё один политический театр, дешёвый спектакль. Последние полтора года я не интересовалась политикой и не ходила голосовать, даже когда избирали Ельцина. Но двад-
15 цатого августа пошла к „Белому дому". Люди шли туда поодиночке или парами, чтобы не арестовали. А когда на площади все встретились и встали плечом к плечу в одну цепь, стало спокойнее. Но это не
20 сразу произошло, сначала многие стояли маленькими группами, и было страшно.

Когда начали стрелять, то мужчины стали гнать женщин от цепей. Я смогла остаться, потому что похожа на мальчика. Но те женщины, которых хотели защитить от опасности, далеко не ушли. Они построи- 25
ли свою цепь в три ряда!

2. После августовских событий я стала жить сознательнее.

3. У нас в общежитии раньше каждый 30
жил своей жизнью. Теперь же те, которые были вместе в настоящем деле, уже никогда не оставят друг друга.

---

1 **поколе́ние** Generation – 2 **объявля́ть/объяви́ть (объявлю́, объя́вишь)** bekanntgeben – 3 **защища́ть/защити́ть** verteidigen – 6 **изменя́ться/измени́ться** sich ändern – 7 **собира́ться/собра́ться** *hier:* beabsichtigen – 8 **МГУ Моско́вский госуда́рственный университе́т** – 8 °**дзюдо́** Judo – 13 °**голосова́ть/проголосова́ть** abstimmen – 14 **избира́ть/избра́ть** wählen – 16 **поодино́чке** einzeln – 18 **плечо́** (*Pl.* **пле́чи**) Schulter – 19 **цепь** (*f.*) Kette – 20 **происходи́ть/произойти́** *hier:* sich ereignen – 22 **стреля́ть** (*uv.*) schießen – 29 **созна́тельно** bewußt – 30 **общежи́тие** Studentenheim – 33 **оставля́ть/оста́вить (оста́влю, оста́вишь)** zurücklassen

Aufgaben zur Sprache

1. Erschließen Sie die Bedeutung folgender Wörter aus dem Kontext: Z. 23 гнать, Z. 24 похожа
2. Ersetzen Sie die kursivgedruckten Wörter oder Wortgruppen durch Synonyme.
   a) Z. 2 По телевизору *объявили*
   b) Z. 2 *моментально* прибежало
   c) Z. 7 Как ты *собираешься* жить
   d) Z. 16 люди шли *поодиночке*
   e) Z. 20 стояли *маленькими* группами
3. Finden Sie alle Fremdwörter im Text. Vergleichen Sie sie mit englischen (französischen) Äquivalenten.

Вопросы и задания

1. О каком политическом событии идёт речь в тексте и когда оно произошло?
2. Как реагировали многие молодые люди на это событие?
3. Что Марина сначала подумала об этом событии и почему?
4. Как вы думаете, почему она всё же пошла к „Белому дому"?
5. Какие чувства были у людей, которые шли защищать „Белый дом", и в какой момент они стали другими?
6. Как вели себя люди на баррикадах?
7. Как изменилась жизнь Марины и жизнь других студентов в её общежитии после этого события?

Реакция на полученную информацию

Это событие меня не тронуло. — Das hat mich kaltgelassen.
Мне от этого ни жарко ни холодно.
Я остался (-лась) спокойным (-ной). — Ich blieb ruhig.
Я (очень) испугался (-лась). — Das hat mich (sehr) erschreckt.
Я (очень) обрадовался (-лась). — Ich habe mich (sehr) gefreut.
Я (очень) удивился (-лась). — Ich war (sehr) erstaunt.
Я (очень) расстроился (-лась). — Ich war (sehr) traurig.

Прочитайте, какое слово написано на танке. Как вы думаете, кто написал это и почему?

Ирина Веселова, 15 лет, ученица московской английской спецшколы

1. Услышала, что у „Белого дома" что-то происходит, и подумала, что это акция против Ельцина. А я его всегда уважала больше всех. Спросила у людей, куда идти. У „Белого дома" я сразу попала на баррикаду к анархистам, панкам, музыкантам. Кстати, даже там сначала были люди, которым не нравилось, как мы выглядим. Подходили, ругали нас. За что? Мы же сюда пришли, работали — какая разница, какие мы? Но в основном здесь все стали своими, даже милиционер. Три дня жила здесь (днём спала под полиэтиленом), потом до конца дежурила, работала регулировщицей движения. Маме я просто позвонила и сказала, что я не приду, потому что мне так надо. Она не знала, где я. А когда узнала, не

Мечтатели и реалисты

стала кричать, сказала только, чтобы я пришла домой помыться.

У „Дома" было много людей. Появилось настоящее дело. Всё время к нам бегали провокаторы, паникёры: то кричали „танки", то „омон". Ходили люди с полными сумками водки, давали её бесплатно, но никто не брал эту водку. Много было хороших ребят, с которыми мы стояли плечом к плечу.

2—3. Теперь я знаю, что народ может сделать очень много. Раньше я об этом не думала. Нет, жизнь дальше не пойдёт, как шла раньше. Не буду теперь молчать, как раньше молчала. Мы и сейчас живём во время застоя. Но мы сделаем для себя нормальную жизнь.

4 **уважа́ть** *(uv.)* respektieren – 6 **попада́ть/попа́сть** (попаду́, попадёшь) *hier:* gelangen – 12 **в основно́м** im wesentlichen – 15 °**полиэти́лен** Kunststoffolie – 23 **появля́ться/появи́ться** (появлю́сь, поя́вишься) erscheinen – 26 °**танк** Panzer – °**омо́н** (отря́д мили́ции осо́бого назначе́ния) Sondereinheit der Polizei – 36 °**засто́й** Stagnation

Вопросы и задания

1. Какая информация в тексте об Ирине Веселовой?
2. Почему она пришла во время путча на баррикады и что она там делала?
3. Как реагировала мать Ирины на решение дочери остаться у „Белого дома"?
4. Как можно по реакции матери охарактеризовать её отношение к августовскому путчу?
5. Какие люди были на баррикадах?
6. Что было между ними общего?
7. Какая атмосфера была на баррикадах?
8. Как вы думаете, какая цель была у провокаторов, паникёров и людей с полными сумками водки?
9. Какие мысли появились у Ирины после путча?
10. Каким, по её мнению, будет будущее её страны?

Павел Эльбрух, 29 лет, директор частного предприятия

Ясно было, что коммерсантов ликвидируют в первую очередь. Девятнадцатого вечером мы вместе с генеральным директором пошли к „Белому дому". А на следующий день мы собрали друзей, имевших тоже свои предприятия, и пытались купить побольше еды для защитников „Белого дома". Привезли всё туда и остались там до конца.

Лично для меня самым главным было — выбор, твёрдый и окончательный. Конечно, никто не хочет умирать, страшно. Там я понял, если выбрать свою позицию и твёрдо стоять до конца, то чувствуешь себя спокойно.

Завтра? Приватизация предприятий, большие западные инвестиции, нормальная страна с нормальными экономическими отношениями. Конечно, будет трудно. Но появился свет в конце тоннеля.

По журналу *Юность*, № 10, 1992 г.

1 **ча́стный** privat – **предприя́тие** Betrieb – 2 °**коммерса́нт** Kaufmann – °**ликвиди́ровать** *(uv.)* liquidieren, beseitigen – 7 **пыта́ться/попыта́ться** versuchen – 10 **остава́ться/оста́ться** bleiben – 11 **ли́чно** persönlich – 12 **вы́бор** Wahl – 21 °**тонне́ль** *(m.)* Tunnel

Aufgaben zur Sprache

1. Wie heißt die entsprechende Person?
   защитить, анархия, музыка, провокация, паника, регулировать, коммерция, дирекция, милиция.
2. Ersetzen Sie die kursivgedruckten Wörter durch Antonyme.
   a) Z. 2/3   ликвидируют в *первую* очередь
   b) Z. 4/5   мы *вместе* пошли
   c) Z. 8   *побольше* еды
   d) Z. 9   привезли *туда*
   e) Z. 10   остались *до конца*
3. Ersetzen Sie die kursivgedruckten Wörter oder Wortgruppen durch Synonyme.
   a) Z. 2   *Ясно* было,
   b) Z. 2/3   ликвидируют *в первую очередь*,
   c) Z. 20   будет *трудно*

Девятнадцатого августа 1991го года танки шли по Садовому кольцу к „Белому дому". Опишите, что делают люди на фотографии.

Вопросы и задания

1. Почему Павел пришёл на баррикады?
2. Какую помощь он и его друзья оказали защитникам „Белого дома"?
3. Почему, по его мнению, таких людей, как он и его друзья, „ликвидируют в первую очередь"?
4. Как вы думаете, трудно ли было ему сделать „выбор, твёрдый и окончательный"? Объясните ваше мнение.
5. Какой он хочет видеть Россию в будущем?
6. Какие реформы необходимы для этого?
7. Прокомментируйте фразу: „... появился свет в конце тоннеля". Скажите эту мысль другими словами.
8. Расскажите всё, что вы знаете о Павле.

Вопросы для дискуссии

1. С какой целью журнал *Юность* анкетировал защитников „Белого дома"?
2. Охарактеризуйте ответивших на анкету *Юности* (возраст, занятие, профессия, политическая позиция).
3. Обобщите ответы на анкету и расскажите:
   а) Какие люди и почему пришли на защиту „Белого дома"?
   б) Какие чувства были у них в этот момент?
   в) Как они жили эти три дня на баррикадах?
4. Как вы думаете, что поколение 90-х „моментально прибежало защищать"?
5. Как люди после путча стали думать и как они хотят изменить свою жизнь и жизнь своей страны?

2. Колледж

В 1992 году в России вышел закон, который разрешает открывать негосударственные школы. Уже сейчас в 12 процентах всех школ в стране преподают по нестандартным программам. Число лицеев и гимназий за два года выросло со 170 до 500, а количество частных школ увеличилось в 6 раз. Теперь родители могут выбирать, в какую школу будет ходить их ребёнок: в обычную государственную или в частную школу: в гимназию, лицей, колледж. Недавно недалеко от центра Москвы открылся первый в Москве колледж. Здесь четыре факультета. На одном из них — литературном — учатся будущие журналисты. Они взяли первое в их жизни интервью у десятиклассницы, у её мамы и у директора колледжа.

Глазами десятиклассницы

— Как ты *попала* в колледж? Сама захотела здесь учиться, или так родители решили?

— Узнала о нём от мамы, но решение принимала сама. Раньше училась во французской спецшколе и была ею очень довольна. Но в прошлом году ушла на пенсию учительница литературы. Пришли новые учителя. Они мне не понравились.

— И сильно отличается колледж от обычной школы?

— Конечно! Во-первых, в классе 15 человек. Ребята все подготовленные, интересные. У нас в школе было 30 человек в классе, и за урок мы очень мало успевали сделать. *Основной* материал задавали на дом. Я целыми вечерами сидела над книгами. Здесь мы почти всё успеваем за урок. За 45 минут учитель несколько раз может поговорить с каждым. А самое главное — в колледже мы изучаем предметы, которые мне очень нравятся: философию, зарубежную литературу.

— Значит, тебе всё нравится, и ты вполне счастлива?

— Не совсем. Да, здесь прекрасные, эрудированные, интеллигентные преподаватели, с ними интересно, но мне кажется, что иногда они не *слишком* строгие. Однажды я плохо подготовилась к уроку, думала — всё, мне поставят тройку. Но — нет! Я получила пять. Учителя в моей школе были гораздо строже.

Почти *каждый день* у нас восемь уроков, мы очень устаём и иногда просим отпустить с последних занятий. Хорошо, конечно, что учителя жалеют нас. Но ведь этими уроками могут быть история или литература, а я собираюсь поступать в институт — хочу быть искусствоведом.

4 °**увеличиться** (vo.) vergrößern – 15 **французская спецшкола** Schule mit erweitertem Französischunterricht – 17 **уходить/уйти на пенсию** in den Ruhestand gehen – 21 **отличаться/отличиться** sich unterscheiden – 26 **успевать/успеть** rechtzeitig schaffen – 34 °**зарубежный** ausländisch – 38 °**эрудированный** gebildet – 40 **строгий** streng – 42 **ставить/поставить отметку** eine Note geben – °**тройка** Drei – 47 **отпускать/отпустить (отпущу, отпустишь) с чего** gehen lassen aus – **занятие** hier: Unterrichtsstunde – 48 **жалеть/пожалеть кого** Mitleid haben mit – 51 °**искусствовед** Kunstwissenschaftler

Aufgaben zur Sprache

1. Schreiben Sie alle Zahlwörter heraus und bestimmen Sie deren Kasus.
2. Ersetzen Sie die kursivgedruckten Wörter durch Synonyme.
   a) Z. 11 Как ты *попала* в колледж? b) Z. 27 *основной* материал
   c) Z. 40 иногда они не *слишком* строгие d) Z. 45 *каждый день* у нас восемь уроков

Мечтатели и реалисты

3. Ersetzen Sie die kursivgedruckten Wörter durch Antonyme.
   a) Z. 1 закон *разрешает*, b) Z. 1 *открывать* школы, c) Z. 4 *частная* школа, d) Z. 21 колледж *отличается* от школы.

Вопросы и задания

1. О каких изменениях в школьной системе России идёт речь в этом тексте?
2. Какая информация в тексте показывает, что эти изменения популярны в обществе?
3. Какую возможность благодаря этому изменению получили родители?
4. Что рассказывает десятиклассница о своей старой школе?
5. Что такое „французская школа"?
6. Почему она перешла в другую школу?
7. Кто помог ей принять решение о переходе в другую школу?
8. Что в новой школе лучше?
9. Что в новой школе хуже?
10. Как десятиклассница характеризует учеников и учителей новой школы?
11. Что она рассказывает о школьном дне?
12. Кем она хочет стать?
13. Обобщите содержание текста и составьте рассказ об этой девушке.
14. Сравните оценки в русской школе и у вас.

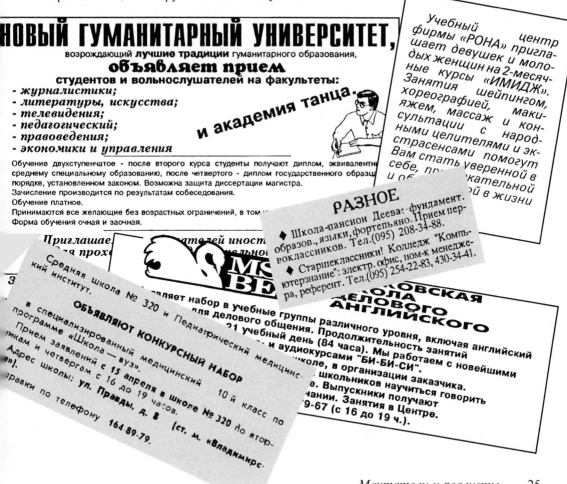

Глазами мамы

— Почему вы решили, чтобы ваша дочь училась в колледже, а не в обычной школе?

— Во-первых, здесь большое внимание уделяют иностранному языку, во-вторых, квалифицированные учителя, умеющие найти общий язык с детьми, и, в-третьих, минимум учеников в классе.

— Не слишком ли дорого для вашего семейного бюджета обучение дочери?

— Ну, лишних денег никогда нет. Но я считаю, что эта трата компенсируется теми знаниями, которые моя дочь получает в колледже.

— Не разочаровались ли вы за эти полгода?

— Нет, наоборот, очень довольна. Хотя некоторые сомнения были.

— Что бы вы посоветовали изменить в учебной программе колледжа?

— Так как моя дочь учится в десятом классе (а это последний класс), то хорошо было бы побольше заниматься компьютерным обучением и разговорной речью на уроках иностранного языка. Потому что без этих знаний сейчас трудно.

Глазами директора

— Как вы себе представляете будущее колледжа?

— Мы хотим использовать лучшее из зарубежных и отечественных программ и на этой основе создать совершенно новые, современные.

— А что изменится в ближайшее время в колледже?

— Планируется преподавание второго иностранного языка. Откроются ещё два факультета: экономический и, возможно, международных отношений.

По газете *Культура*, 06. 02. 1993 г.

---

55 °уделя́ть/удели́ть внима́ние чему́ Aufmerksamkeit richten auf – 61 °бюдже́т Haushalt – 63 °тра́та Ausgabe – °компенси́ровать *(uv.)* что-ли́бо чем-либо etw. ausgleichen mit – 66 °разочаро́вываться/разочарова́ться enttäuscht sein – 68 **наоборо́т** im Gegenteil; umgekehrt – 69 **сомне́ние** Zweifel – 70 **сове́товать/посове́товать** raten – 75 **разгово́рная речь** *(f.)* Umgangssprache – 83 **создава́ть/созда́ть** schaffen – 90 **междунаро́дные отноше́ния** internationale Beziehungen

---

Aufgaben zur Sprache

1. Bilden Sie von folgenden Ordnungszahlen Adverbien nach dem Muster: первый → во-первых.
Второй, третий, четвёртый, пятый, шестой, седьмой, восьмой, девятый, десятый.

2. Ersetzen Sie die kursivgedruckten Wörter oder Wortgruppen durch Synonyme.
   a) Z. 63 я *считаю*
   b) Z. 77 без этих знаний сейчас *трудно*
   c) Z. 81 использовать лучшее из *зарубежных* программ
   d) Z. 83 на этой *основе* создать
   e) Z. 83 *совершенно* новые
   f) Z. 90 *международные* отношения

3. Ersetzen Sie die kursivgedruckten Wörter durch Antonyme.
   a) Z. 60 слишком *дорого*, b) Z. 82 *зарубежная* программа, c) Z. 84 *современные* программы

Вопросы и задания

1. Каковы, по мнению мамы десятиклассницы, главные преимущества частной школы перед государственной?
2. Каков бюджет семьи?
3. Какую компенсацию и почему ожидает семья, инвестируя деньги в образование дочери?
4. Что, по мнению мамы, надо бы улучшить в программе школы?
5. Как вы думаете, почему „без этих знаний сейчас сложно"?
6. Сколько иностранных языков преподают в обычной государственной школе?
7. Как создаются школьные программы для частных школ?
8. Какие преимущества имеют, по вашему мнению, молодые люди, окончившие школу, в которой были подобные факультеты?
9. Хотели бы вы, чтобы в вашей школе тоже были похожие факультеты? Почему? Какие факультеты предложили бы вы?
10. Выразите ваше согласие или несогласие с мнением: „Это очень хорошо, когда молодые люди уже в школе получают профессию."

Согласие	Несогласие
Мне кажется, что это правильно, потому что …	Мне кажется, что это не так, потому что …
Я (совершенно, абсолютно) согласен (-сна) с этим мнением (с вами).	Я совсем не согласен (-сна) с вами (с этим), потому что …
С этим нельзя не согласиться.	Я думаю, что это неверно, так как …
Вы правы.	Вы не правы.

3. Жена из 9-го „А"

Старшеклассники о проблемах семьи, брака и сексуальной жизни

Среди московских старшеклассников провели опрос. Вопросы этой анонимной анкеты были о семейной жизни.

Практически все шестнадцатилетние юноши и девушки, ответившие на вопросы, обязательно собираются вступить в брак. Только 65% считают, что брак их родителей удачный. Около 50% опрошенных спокойно относятся к перспективе жить в незарегистрированном браке.

Из личной беседы с одной десятиклассницей я узнал массу интересных вещей. Например, то, что примерно половина девушек класса активно живёт половой жизнью и разговор на переменах ведётся в основном о том, кто какими

---

3 °опрос Umfrage – 7 °вступать/вступить в брак Ehe schließen – 9 °опрашивать/опросить befragen – 11 °жить *(uv.)* в незарегистрированном браке ohne Trauschein leben – 15 °половая жизнь *(f.)* Geschlechtsleben – 16 °перемена Pause

Как вы думаете, что изменилось в поведении молодёжи за время перестройки?

презервативами пользуется, где и за какие деньги их достаёт.

Всего на вопросы анкеты ответило 98 старшеклассников — 57 юношей и 41 девушка.

На вопросы о целомудрии отказались отвечать 19 юношей и 7 девушек, говоря, что тема стара и опрос бесполезен.

6 юношей из 38 считают целомудрие своей будущей жены необходимым. Они объясняют это тем, что так принято.

Собираются хранить целомудрие до свадьбы 12 девушек из 36. Причины: так принято, иначе вообще невозможно выйти замуж.

17 юношей и 11 девушек считают, что хранить целомудрие до замужества не следует: „дико", „старо", „ненормально".

8 юношей и 5 девушек никогда не думали об этом, такой проблемы для них не существует.

5 юношей и 1 девушка являются сторонниками свободной любви. Одна из десятиклассниц сказала, что две её одноклассницы с прошлого года живут в семьях своих мальчиков. Об этом все знают. И к этому уже все привыкли. И учителя. И одноклассники. И родители.

Я окончил школу 17 лет назад. Сколько же изменений произошло с тех пор в отношении молодёжи к сексу! Конечно, и мы в классе обсуждали между собой запретные темы, но чтобы открыто — этого никогда не было!

Мы встретились с представителями пробного брака Алёшей и Светой и с их родителями.

Отец Алёши: „Моя прабабушка вышла замуж в 15 лет. Значит, в ранних браках нет ничего нового или плохого, так? Мы с женой поженились, когда были на четвёртом курсе института. Небольшой сексуальный опыт был у каждого. Наш сын очень хорошо относится к своей жене. Да, мы уверены, что они поженятся через несколько лет".

Родители Светы сначала были категорически против. Но после долгих обсуждений пришли к выводу, что „действительно, ничего страшного в этом нет".

Сами Света и Алёша: „Мы же любим друг друга. Зачем нам жить отдельно, если есть возможность жить вместе? Поженимся ли мы? Мы подождём ещё, так мы чувствуем себя свободнее".

От кого свободнее? Друг от друга? Но зачем нужна эта свобода? Для потенциальных или реальных связей с другими? Для невыполнения определённых обязательств? На эти вопросы они не смогли ответить.

До того, как Света и Алёша стали открыто жить вместе, у них уже были нелегальные неприятности. В пятнадцать лет Света уже сделала аборт.

Так что же делать? Разрешать детям с двенадцати лет жить как мужу и жене, чтобы не было „нелегальности", чтобы не было абортов?

Не деформируются ли у школьников в результате этого моральные ценности? Не упадёт ли в их глазах и без того невысокий престиж семьи?

По журналу *Смена*, 1990 г.

19 **достава́ть/доста́ть** *hier:* anschaffen – 29 °**храни́ть/сохрани́ть целому́дрие** Keuschheit bewahren – 30 °**так при́нято** so ist es üblich – 31 **выходи́ть/вы́йти за́муж за кого́** heiraten (von der Frau) – 39 °**сторо́нник** Anhänger – 50 °**запре́тный** verboten – 52 **представи́тель** *(m.)* Vertreter – 55 **праба́бушка** Uroma – 66 °**приходи́ть/прийти́ к вы́воду** schlußfolgern – 76 **обяза́тельства** Verpflichtungen – 81 **неприя́тность** *(f.)* Unannehmlichkeit – 82 °**або́рт** Abtreibung – 88 °**це́нность** *(f.)* Wert

Aufgaben zur Sprache

1. Suchen Sie alle Fremdwörter heraus. Nennen Sie deutsche Entsprechungen dazu.
2. Erschließen Sie die Bedeutung folgender Wörter aus dem Kontext:
   a) Z. 44 привыкли, b) Z. 49 обсуждали.

Вопросы и задания

1. Где проводился опрос? Какова была его тема?
2. Сколько человек было опрошено?
3. Ответы на какой вопрос автор подробно изучает?
4. Как ответили на этот вопрос юноши, а как девушки?
5. С какими ответами вы согласны, а с какими нет? Почему?
6. Как бы ответил на этот вопрос, по-вашему, автор статьи?
7. Как оценивает молодёжь брак своих родителей и что думает о своём будущем браке?
8. Какие строки текста показывают, что раньше было невозможно жить так, как Света и Алёша?
9. Как относятся к этому их родители?
10. Что рассказывают Света и Алёша о себе?
11. Найдите в тексте строки, которые показывают реакцию автора на ответы опроса. Прокомментируйте его реакцию.
12. Как комментирует автор отношения между Алёшей и Светой? Какие слова употребляют автор и родители Светы и Алёши, говоря об их отношениях? Как эти слова характеризуют их позицию? Согласны ли вы с этим? (см. стр. 27)

Поговори́м о любви́	
Мы (ужа́сно) влюблены́ друг в дру́га.	— Wir sind (schrecklich) ineinander verliebt
Я (его́) её обожа́ю.	— Ich vergöttere sie (ihn).
Он(а́) мне (о́чень) нра́вится.	— Er (sie) gefällt mir (sehr).
У нас любо́вь с пе́рвого взгля́да.	— Bei uns war es Liebe auf den ersten Blick.
У него́ (неё) безотве́тная любо́вь.	— Seine Liebe beruht nicht auf Gegenseitigkeit.

4. А вы пойте!

Письмо ученицы в редакцию газеты

Не знаю, почему все кругом плачут, стонут, жалуются — родители, их знакомые, родственники, соседи! Может быть потому, что им уже за …дцать? Многие говорят, жизнь тяжёлая, того нет, этого нет. Домой из школы идти не хочется. А я считаю, что всё это можно пережить, найти в себе силы и перешагнуть. Мне 15 лет, чувствую я себя здо́рово. Учусь неплохо, друзья у меня хорошие. Вырасту окончательно — обязательно буду пользу приносить, а не зря языком трепать. Я каждое утро просыпаюсь и радуюсь — впереди целый день. Ведь интересно! Я танцую рэп, брейк, рок-н-ролл. У меня хорошие слух и голос, я даже пишу песни.

Пойте, люди, не грустите, тогда быстрее рассеются тучи над нашей головой.

По газете *Аргументы и факты*, № 52, 1991 г.

2 °стона́ть *(uv.)* (стону́, сто́нешь) stöhnen; jammern – 3 жа́ловаться/пожа́ловаться на кого́ sich beklagen über – 8 пережива́ть/пережи́ть aushalten – 9 находи́ть/найти́ в себе́ си́лы in sich Kraft finden – 13 зря языко́м трепа́ть *(umg.)* sich umsonst den Mund fusselig reden – 15 впереди́ це́лый день vor mir liegt ein ganzer Tag – 17 слух Gehör – 18 грусти́ть *(uv.)* (грущу́, грусти́шь) traurig sein – 19 °рассе́иваться/рассе́яться sich zerstreuen – ту́ча Wolke

Вопросы и задания

1. Кто автор письма, сколько ему лет и где он живёт?
2. Что автор рассказывает о себе лично?
3. Как ведут себя люди, живущие рядом с автором, и как они объясняют это?
4. Как объясняет такое поведение автор письма?
5. Как можно, по мнению автора, решить эти проблемы?
6. Найдите в письме строки, где автор непрямо критикует старшее поколение.
7. Найдите строки, где автор говорит о своём будущем.
8. Какой совет даёт автор письма и почему? Согласны ли вы с ним?
9. Какой характер, по-вашему, у автора письма?
10. Автор письма не пишет конкретно, какие проблемы были у людей. Письмо было написано в конце 1991 года. Попытайтесь назвать эти трудности на основе информации, данной ниже.

Како́й мо́жет быть хара́ктер

У него́ (неё) хоро́ший хара́ктер. — Er (sie) hat einen guten Charakter.
У него́ (неё) ужа́сный хара́ктер. — Er (sie) hat einen schrecklichen Charakter.
Он(а) о́чень споко́йный (-ная). — Er (sie) ist sehr ruhig.
Он(а) весёлый челове́к. — Er (sie) ist ein lustiger Mensch.
Он(а) жизнера́достный челове́к. — Er (sie) ist ein Optimist.

Изменения в России в конце 1991 г.		
в экономике	в политике	в социальной жизни
инфляция рост цен спад производства обнищание народа	запрет коммунистической партии переход к демократии: возникновение новых партий отсутствие демократических законов	отказ от старых норм дезориентация рост преступности

спад производства Rückgang der Produktion — **обнищание** Verarmung — **запрет** Verbot — **преступность** (f.) Kriminalität

5. Ищу свой путь

Студент из Москвы рассказывает о себе.

Hello! Мне 20 лет, я студент, будущий инженер-гидрогеолог, живу и учусь в Москве.

5 Я всегда знал, кем буду. В школе, когда начинался разговор на тему о будущей профессии, друзья мои хотели быть физиками и моряками, врачами и экономистами, я же знал одно: я буду учёным.
10 Каждый год интересы менялись: сначала мне хотелось быть, как папа, биологом, потом математиком, затем заинтересовался геологией. Но с детства в семье существовало мнение: наука — это
15 единственное, ради чего стоит жить.

Я был всегда пай-мальчиком, ни в школе, ни дома проблем не было. Когда мои ровесники, плюнув на учёбу, делали деньги, я читал книги и общался с такими
20 же, как я.

В институт я поступил без проблем. К началу третьего года учёбы наступило прозрение. Мой однокурсник, который сделал бизнес на продаже шнурков, однажды сказал мне: „Своим детям я за- 25 прещу читать книги. Ты начитался их в детстве и стал мыслить книжными категориями. Ты не умеешь действовать. Типичная болезнь русского псевдоинтеллигента". 30

Ужасно, но это правда. Глупо обвинять в неудачах кого-то. Я понимаю, что ориентиры, по которым я и мне подобные строили свою жизнь, исчезли. Предпринимательство имеет тот плюс, что, кроме 35 морального удовлетворения, приносит ещё материальный доход. Но наше общество — общество максималистов. Сказали народу: „Все к капитализму!" — и даже бабушки в очередях начали 40 говорить о биржах, акциях и дивидендах.

Когда я говорю о своей будущей профессии, вижу на лицах собеседников скеп-

10 **меняться/поменяться** sich ändern — 15 **единственный** einzig — **ради чего** wofür, weswegen — **стоить** *(uv.) hier:* sich lohnen — 16 °**пай-мальчик** Musterknabe — 18 °**ровесник** Altersgenosse — °**плевать/плюнуть на что** *hier:* pfeifen auf — 19 °**общаться с кем** *(uv.)* mit jdm. verkehren — 23 °**прозрение** Durchblick — 24 °**шнурок** (*Pl.* **шнурки**) Schnürchen — 25 **запрещать/запретить** verbieten — 28 **действовать** *(uv.)* handeln — 31 °**обвинять/обвинить кого в чём** jdn. einer Sache beschuldigen — 34 °**исчезать/исчезнуть** verschwinden — 34 °**предпринимательство** Unternehmertum — 37 °**доход** Einkommen — 41 **биржа** Börse

сис. Но самое ужасное, что я сам полон скепсиса. Наш институт уже не первый год штампует безработных. Пройдёт десятилетие-другое, прежде чем Россия трансформируется в страну, где хорошо не только коммерсантам. А жить хочется сегодня. Есть три пути: эгоистично идти к своей цели, смириться или уйти в монастырь. Первый мне не по душе, от перспектив второго становится противно в животе, третий нереален, так как, к сожалению, в Бога я поверить не могу.

Поэтому, как и сотни моих сограждан, я плыву по течению. Это печально, но так. Буду искать четвёртый путь, свой, и верю, что найду его.

По журналу *Юность*, № 2, 1992 г.

46 **безрабо́тный** Arbeitsloser – 51 °**смиря́ться/смири́ться с чем** sich abfinden mit – °**монасты́рь** *(m.)* Kloster – 52 **это мне не по душе́** *(umg.)* es liegt mir nicht – 53 **проти́вно** widerlich – 57 °**тече́ние** Strömung – **печа́льно** traurig

Aufgaben zur Sprache

1. Schreiben Sie aus dem Text alle Fremdwörter heraus.
2. Erschließen Sie die Bedeutung folgender Wörter aus dem Kontext:
   a) Z. 36 удовлетворение, b) Z. 46 штампует, c) Z. 51 цель.
3. Wie heißt die entsprechende Person?
   геология, биология, физика, математика, беседовать, море, максимализм, экономить, капитал, оптимизм, пессимизм.
4. Ersetzen Sie die kursivgedruckten Wörter durch Antonyme.
   a) Z. 5 Я *всегда* знал, b) Z. 6 *начинался* разговор, c) Z. 21 поступил *без* проблем, d) Z. 22 к *началу* года, e) Z. 25 я *запрещу*.

Вопросы и задания

1. Как формировались у Олега представления о его будущей профессии?
2. Какую роль играла при этом его семья?
3. Как характеризует себя Олег в школьный период?
4. О каких двух течениях среди молодёжи рассказывает Олег?
5. К какому течению относился его друг?
6. В чём обвиняют Олега и ему подобных новые коммерсанты?
7. Как характеризует Олег общество, в котором он живёт?
8. Почему Олег сейчас со скепсисом думает о своём будущем?
9. Когда, по его мнению, и люди интеллектуального труда смогут нормально жить в России?
10. Какие пути для решения проблем у него есть и как он их оценивает?
11. Как вы думаете, в результате каких изменений в обществе такие люди, как Олег, потеряли жизненные ориентиры?
12. Какой путь выберет Олег?
13. Прокомментируйте слова: „Своим детям я запрещу читать книги".

14. Посмотрите на рисунок на стр. 32. К каким строкам письма может служить иллюстрацией этот рисунок? (би́ржа труда́ Arbeitsamt, лопа́та Schneeschaufel)
15. Придумайте диалог между Олегом и его другом о том, почему Олег не согласен с тремя путями для решения проблем.

6. Мы к року относимся очень серьёзно

В Советском Союзе музыканты впервые взяли в руки электрогитары в результате „культурного шока" от английского бигбита. Многие годы они старательно копировали любимые зарубежные группы.

Рок вошёл в нашу жизнь в самом конце 60-х годов. Постепенно формировалась идея „советского рока" — и она отличалась от англо-американского варианта. Если там главным был ритм, то у нас — слово.

Предшественниками настоящего отечественного рока стали не джазмены и танцевальные оркестры, а суперзвёзды нашей поэзии — Вознесенский и Евтушенко, барды Высоцкий и Галич.

Долгое время рок-группы могли выступать только в маленьких клубах и на танцевальных площадках. Лишь в 1980 году, когда огромную популярность рока и его успехи нельзя было больше игнорировать, ведущим рок-группам разрешили выступать в государственных концертных залах, но большинство рок-музыкантов так и остались в „андерграунде". Во второй половине 80-х годов рок наконец получил реальное право на существование.

По книге *Рок-музыка в СССР*, Москва: Изд. Книга, 1990 г.

4 °стара́тельно sorgfältig – 7 постепе́нно allmählich – 12 °предше́ственник Vorläufer – отечественный einheimisch – 19 °танцева́льная площа́дка Tanzfläche – 20 огро́мный riesig – 21 успе́х Erfolg – 22 веду́щий führend – 24 большинство́ Mehrheit – 25 так и dennoch – 27 пра́во Recht

Aufgaben zur Sprache

Erschließen Sie die Bedeutung folgender Wörter aus dem Kontext: a) Z. 17 выступать, b) Z. 28 существование.

Вопросы и задания

1. Когда и почему советские музыканты стали использовать абсолютно новый в то время музыкальный инструмент?
2. Когда рок в СССР становится массовым искусством?
3. Чем отличался советский рок от западного?
4. Какую роль сыграли при формировании советского рока Высоцкий, Евтушенко, Вознесенский и Галич?
5. Какое положение занимала рок-музыка в обществе до 80-х годов?
6. Когда и почему официальные органы изменили своё отношение к року?
7. Что, по вашему мнению, главное в роке — слово или ритм? Почему?
8. Как вы думаете, почему советские рок-музыканты долгое время были в „андерграунде"?

9. Какую роль играет музыка в вашей жизни? Используйте слова в рамке.

> Музыка играет в моей жизни большую (огромную) роль.
> Музыка не играет в моей жизни никакой роли.
> Я (очень) интересуюсь музыкой.
> Я совсем не интересуюсь музыкой.

7. Песня попугая

Владимир Высоцкий (1938—1980) один из самых популярных бардов в России. Песни Высоцкого любили все: студенты и рабочие, ветераны войны и интеллигенция. Талант Высоцкого был в том, что он удивительно точно мог передать проблемы, чувства и настроения людей самых различных социальных слоёв. При жизни Высоцкого немногие
5 *его песни появились на пластинках, но в миллионных копиях на кассетах.*

„Песня попугая" входит в цикл песен, написанных Высоцким для радиоспектакля „Алиса в стране чудес".

Послушайте все! О-го-го! Э-ге-гей!
Меня — попугая, пирата морей.

10 Родился я в тыща-каком-то году
В бананно-лиановой чаще.
Мой папа был папапугай какаду,
Тогда ещё не говорящий.

Но вскоре покинул я девственный лес —
15 Взял в плен меня страшный Фернандо Кортес.
Он начал на бедного папу кричать,
А папа Фернанде не мог отвечать.
Не мог, не умел отвечать.

И, чтоб отомстить, от зари до зари
20 Учил я три слова, всего только три.
Упрямо себя заставлял — повтори:
— Кар-рамба! Корр-рида!! И чёрррт побери!!!

Послушайте все! О-го-го! Э-ге-гей!
Рассказ попугая, пирата морей!

25 Нас шторм на обратной дороге застиг,
Мне было особенно трудно.
Английский фрегат под названием „бриг"
Взял на абордаж наше судно.

Был бой рукопашный три ночи, два дня,
30 И злые пираты пленили меня.
Так начал я плавать на разных судах
В районе экватора, в северных льдах ...
На разных пиратских судах.

34 *Мечтатели и реалисты*

35 Давали мне кофе, какао, еду,
Чтоб я их приветствовал: — Хау ду ю ду!
Но я повторял от зари до зари:
— Кар-рамба! Корр-рида!! И чёрррт побери!!!

Послушайте все! О-го-го! Э-ге-гей!
Меня — попугая, пирата морей.

40 Лет сто я проплавал пиратом, и что ж?
Какой-то матросик пропащий
Продал меня в рабство за ломаный грош,
А я уже был говорящий.

Турецкий паша нож сломал пополам,
45 Когда я сказал ему: — Паша, салам!
И просто кондрашка хватила пашу,
Когда он узнал, что ещё я пишу,
Считаю, пою и пляшу.

Я Индию видел, Иран и Ирак.
50 Я — инди-и-видум, не попка-дурак.
Так думают только одни дикари!
Кар-рамба! Корр-рида!! И чёрррт побери!!!

10 °ты́ща *(umg.)* ты́сяча – 11 °ча́ща Dickicht – 14 вско́ре bald – °покида́ть/поки́нуть verlassen – °де́вственный лес Urwald – 15 °брать (беру́, берёшь)/взять (возьму́, возьмёшь) в плен gefangennehmen – 19 °мстить/отомсти́ть sich rächen – заря́ Morgenrot – 21 упря́мо dickköpfig – заставля́ть/заста́вить zwingen – 22 °чёрт побери́! hol's der Teufel'! – 25 °застига́ть/засти́гнуть einholen – 28 °взять на аборда́ж entern – су́дно (*Pl.* суда́) Schiff – 29 °рукопа́шный бой Handgemenge – 30 °пленя́ть/плени́ть *(veraltet)* gefangennehmen – 32 лёд (*Gen.* льда) Eis – 35 приве́тствовать/поприве́тствовать grüßen – 41 °матро́сик пропа́щий verkommener Matrose – 42 °ра́бство Sklaverei – °продава́ть/прода́ть за ло́маный грош *(umg.)* sehr billig verkaufen – 44 °туре́цкий паша́ türkischer Pascha – нож Messer – лома́ть/слома́ть brechen – °попола́м in zwei gleiche Teile – 45 Па́ша *Koseform von* Павел – 46 и про́сто кондра́шка хвати́ла пашу́ *(umg.)* der Pascha war wie gelähmt – 48 °пляса́ть *(uv.; umg.)* (пляшу́, пля́шешь) tanzen – 50 °по́пка-дура́к (Spitzname für Papagei) blöder Papagei – 51 °дика́рь *(m.)* Wilder

Вопросы и задания

1. Где побывал попугай?
2. Расскажите историю попугая от лица его папы, одного из матросов и турецкого паши.
3. Как вы думаете, какой характер хотел показать автор в фигуре попугая?

8. Гитары и свастика: русский рок сдвигается вправо

Русские националисты и фашисты, которые борются за политическую власть, используют разочарование и тяжёлое финансовое положение молодёжи. Они оказывают финансовую поддержку анархистским музыкальным ансамблям, инвестируют деньги в проведение фестивалей „металлистов" и устраивают семинары, на которых обсуждают философию правых.

Откровенно фашистскую музыку уже сегодня можно слышать и видеть в передачах основных радио- и телестанций России, а также на концертах.

Уже второй год националистическая еженедельная газета „День" организует фестиваль тяжёлого рока, который собирает огромные толпы зрителей. Эта же газета финансирует одну из ведущих рок-газет Москвы „Новости трэша". „День" также в каждом своём номере под рубрикой „Рок — русская оппозиция" подробно пишет о роке. „Мы даём металлическим группам паблисити и помогаем им, — говорит Бондаренко, редактор „Дня". — Многим из них очень нужны деньги". Немало звёзд рока разделяют философию националистов. „Мы уважаем силу и власть, — говорит Сергей Жариков, ударник группы „ДК". — А прозападная музыка, которую передают по всем радиостанциям, нам не нравится".

„День" отвергает (по крайней мере на публике) те группы, которые больше всего демонстрируют и насилие. „Самое трудное для нас — это удержать молодёжь от экстремизма и насилия, от любви к Гитлеру. К нам обратились с просьбой оказать финансовую поддержку нескольким группам, которые зашли чересчур далеко, — сказал Бондаренко. — Мы ответили им: уберите свастику, тогда поможем".

Политическая связь между правыми политиками и звёздами рок-музыки не только в идеологии, но и в политике. Они активно работают друг с другом. „Мы боремся за молодых, — сказал Бондаренко. — Зачем нам отдавать молодёжь западной культуре. Звёзды рока своими песнями обращают тысячи молодых людей к патриотизму".

По газете *Известия*, 20. 01. 1993 г.

°сва́стика Hakenkreuz – °сдвига́ться/сдви́нуться sich verschieben – 2 °боро́ться за что *(uv.)* kämpfen um – власть *(f.)* Macht – испо́льзовать *(uv.)* ausnutzen – 3 °разочарова́ние Enttäuschung – 4 ока́зывать/оказа́ть подде́ржку Hilfe leisten – 7 проводи́ть/провести́ durchführen – 8 устра́ивать/устро́ить veranstalten – 11 открове́нно offen – 18 толпа́ Menschenmenge – зри́тель *(m.)* Zuschauer – 21 но́мер (газе́ты) Ausgabe – 22 подро́бно ausführlich – 24 °па́блисити *hier*: Reklame – 27 разделя́ть/раздели́ть teilen – 29 °уда́рник Schlagzeuger – 33 °отверга́ть/отве́ргнуть ablehnen – по кра́йней ме́ре zumindest – 35 °наси́лие Gewalt – 36 уде́рживать/удержа́ть от чего fernhalten von – 38 обраща́ться/обрати́ться к кому́-то sich wenden an – 40 °заходи́ть/зайти́ *hier*: gehen – °чересчу́р далеко́ *(umg.)* viel zu weit – 42 убира́ть/убра́ть wegnehmen – 44 связь *(f.)* Verbindung – 49 отдава́ть/отда́ть ausliefern – 51 °обраща́ть/обрати́ть *hier*: bekehren

Aufgaben zur Sprache

1. Wandeln Sie die Verbalkonstruktionen in substantivische Konstruktionen um.
   a) Z. 4 оказать поддержку
   b) Z. 6 инвестировать деньги
   c) Z. 9 обсудить философию
   d) Z. 19 финансировать рок-газету
   e) Z. 27 разделять философию
2. Suchen Sie im Text Substantive mit der Endung -ание (-ение) und bestimmen Sie die Verben, von denen sie abgeleitet sind.
3. Suchen Sie im Text nach den von Substantiven abgeleiteten Adjektiven und nennen Sie das jeweilige Substantiv.

Вопросы и задания

1. Как характеризуется в статье положение молодёжи в России сегодня?
2. Какие политические партии ищут контактов с молодёжью?
3. Что они для этого делают?
4. Приведите примеры из текста, которые показывают, что фашистскую музыку пропагандирует российская масс-медиа.
5. Какую поддержку оказывает российская националистическая газета „День" рок-группам?
6. Почему газета „День" это делает?
7. Как относятся звёзды российского рока к националистическим тенденциям в обществе?
8. Какие связи существуют между националистами и рок-группами?
9. Как относятся националисты к западной культуре? Найдите строки в тексте для подтверждения своего ответа.

Путч в сентябре 1993 года. Президент России Борис Ельцин распустил парламент, тормозящий проведение реформ. Фашисты, коммунисты и другие сторонники старого порядка объединились против новой жизни ещё раз ... и потерпели поражение.

3. Настоящее можно понять из прошлого

1. Крепостное право

a) В воскресенье

Александр Николаевич Радищев (1749—1802), русский мыслитель и писатель. В 1790 году опубликовал свой роман „Путешествие из Петербурга в Москву", в котором критиковал дворянство и крепостное право и рассказал о тяжёлой жизни крепостных. По распоряжению правительства книга была конфискована, а Радищева сослали в Сибирь. До 1905 года эта книга не публиковалась в России.

В нескольких шагах от дороги я увидел крестьянина, работавшего на поле. Время было жаркое. Посмотрел я на часы. Сорок минут первого.

— Бог в помощь, — сказал я крестьянину, который, не останавливаясь, доканчивал свою работу. — Бог в помощь, — повторил я.

— Спасибо, барин, — ответил он наконец.

— Ты, конечно, раскольник, так как работаешь по воскресеньям?

— Нет, барин, — сказал он. — А Бог милостив, не наказывает нас, когда нужно работать в воскресенье, чтобы семья не умерла с голода.

— Разве у тебя всю неделю нет времени работать?

— В неделе, барин, шесть дней, а мы шесть раз в неделю ходим на барщину, а вечером возим оставшееся в лесу сено на господский двор.

— Велика ли у тебя семья? — спросил я.

— Три сына и три дочери. Старшему десять лет.

— Как же ты успеваешь доставать для себя хлеб, если только праздник имеешь свободным?

— Не одни праздники, и ночь наша.

По роману А. Н. Радищева *Путешествие из Петербурга в Москву*, Москва, 1949 г.

Опишите рисунок с помощью текста.

2 °опубликова́ть *(vo.)* veröffentlichen – **путеше́ствие** Reise – 3 °**дворя́нство** Adel – **крепостно́е пра́во** Leibeigenschaft – °**крепостно́й** Leibeigener – 4 °**распоряже́ние** Anordnung – °**конфискова́ть** *(vo.)* beschlagnahmen – °**ссыла́ть/сосла́ть** verbannen – 11 **остана́вливаться/останови́ться (остановлю́сь, остано́вишься)** stehenbleiben – 14 °**ба́рин** Gutsherr – 16 °**раско́льник** Kirchenspalter – 25 °**ба́рщина** Fron, Frondienst – 26 **се́но** Heu

Вопросы и задания

1. Опишите момент встречи крестьянина и автора романа.
2. Почему автор спросил крестьянина, не раскольник ли он?
3. Что рассказал крестьянин о своей семье?
4. Сколько времени работал крестьянин для барина, а сколько для себя?
5. Как вы понимаете слово „барщина"?

б) Газетные объявления

1. Продаётся девка, 16 лет, знающая бельё шить и гладить и госпожу одевать, имеет талию и лицо приятное.
2. Продаются дворовые мастеровые люди, поведения хорошего: два портных, сапожник, часовщик, повар и два кучера, которых видеть и узнать о цене можно в доме № 51 у самого помещика. Тут же продаётся три беговых лошади и стая охотничьих собак, числом 50.
3. Близ церкви продаётся дворовый человек, 25 лет, женский сапожник, знающий в совершенстве своё мастерство, кроме того делает лакейскую и кучерскую работу; у него жена беременная, 22 года, знает шить и гладить и к столу кушанья готовить; у них дочь трёх лет.
4. Продаётся крестьянин, 35 лет, с женой равных ему лет и тремя маленькими детьми. Желающие купить о цене могут узнать на Болванке в доме № 529 от самого господина.

Московские ведомости, 1797 г.

объявле́ние Anzeige; Erklärung – 1 **де́вка** *(Dim. v.* **де́вушка**; *veraltet)* Bauernmädchen – **бельё** Wäsche – **шить/поши́ть** nähen – °**гла́дить/погла́дить** *hier:* bügeln – 3 °**дворо́вый челове́к** Knecht – **поведе́ние** Benehmen – °**портно́й** Schneider – 4 °**сапо́жник** Schuhmeister – **по́вар** Koch – 5 °**поме́щик** Gutsbesitzer – **ста́я соба́к** eine Meute Hunde – 8 **в соверше́нстве** vollkommen – 9 °**бере́менная** schwanger – °**ку́шанья** *(Pl.; veraltet)* Speisen

Вопросы и задания

1. О чём идёт речь в этих объявлениях?
2. Дворовые каких профессий предлагаются к продаже? Какие виды других работ называются?
3. Как описываются в объявлениях эти люди?
4. Найдите объявление, в котором предлагаются к продаже и люди, и животные вместе.
5. Как вы думаете, какая разница между крепостными крестьянами и дворовыми людьми?

Статистика

Общее население Европейской России и Сибири в 1858 году составляло 64 383 012 человек. Общее количество крепостных — 23 миллиона, количество дворян, владеющих крепостными людьми, — около 107 тысяч.

°**владе́ть** *(uv.)* besitzen

в) Отмена крепостного права

Крепостное право в России существовало несколько веков. 19 февраля 1861 года царь Александр Второй подписал манифест об отмене крепостного права. Освобождение крестьян самое важное событие в России за всё время правления династии Романовых (1613 – 1917). Александр II вошёл в историю под именем „Царь-Освободитель".

5   Со дня подписания манифеста крестьяне стали действительно свободными людьми: никто уже не мог продавать их дочерей и сыновей или их самих. После отмены крепостного права вся земля осталась у помещиков, и крестьяне должны были выкупать у них землю.

Галина Курамшина

°отмéна Abschaffung – °отменя́ть/отмени́ть abschaffen – 2 освобожде́ние Befreiung – 3 правле́ние Regieren – 8 °выкупа́ть/вы́купить freikaufen – °вы́куп Freikauf

Aufgaben zur Sprache

Suchen Sie im Text die Substantive mit der Endung -ание und -ение und bestimmen Sie, von welchen Verben sie abgeleitet sind.

Вопросы и задания

1. Как долго существовало крепостное право в России?
2. Сколько было в России крепостных и дворян, владеющих ими, к моменту освобождения крестьян?
3. Кто и когда подписал манифест об освобождении крестьян? Как оценивают историки отмену крепостного права?
4. Сколько земли получили крестьяне при освобождении?
5. На основе текстов составьте рассказ о крепостном праве.

2. Аграрная реформа Столыпина

Пётр Аркадьевич Столыпин (1862 – 1911) русский государственный деятель начала XX века. Он участвовал в разработке земельной реформы в России, которая должна была дать крестьянам полную свободу ведения своего хозяйства.

Крестьяне в России исторически не имели права владеть землёй. В деревне существовала община — объединение крестьян, которые вместе арендовали землю у помещика или у монастыря и вместе платили налоги. Общиной решались все вопросы, кроме того, община поддерживала своих слабых членов. Государству такая система была выгодна: община платила налоги сразу и за всех своих членов — и за богатых, и за бедных. Но уже со второй половины XIX века община как общественная структура тормозит развитие сельского хозяйства. Крестьянин во всём зависел от неё: несвобода при получении земли, старые методы работы — зачем стараться, придумывать что-то новое, если твою землю завтра получит другой...

Пётр Аркадьевич Столыпин, крупный землевладелец и государственный деятель, увидел все недостатки общинного владения землёй. Став в 1906 году председателем совета министров, Столыпин начал реализацию аграрной программы. Целью реформы стала активная передача

Настоящее можно понять из прошлого

земли в частную собственность крестьянам для создания широкого слоя свободных фермеров. Для выкупа земли у государства и у общины Крестьянский банк давал кредиты на очень выгодных условиях.

Столыпин также стимулировал переселение крестьян на свободные земли в Сибири и на Дальнем Востоке. За короткий срок переселилось несколько миллионов человек. Урожай в фермерских хозяйствах в 1914 году был на 15% выше среднего. Столыпинская аграрная реформа стала одним из самых значительных событий предреволюционных лет в России.

Но, несмотря на прогрессивность аграрной реформы, против неё выступили разные слои общества. Для государственной бюрократии община была удобным административным средством управления. Реформа была враждебна коллективной психологии крестьян. А для социал-революционных партий частная собственность на землю означала конец всех революционных доктрин.

В 1911 году Столыпин был убит в Киеве террористами. На памятнике Столыпину написали его знаменитые слова, сказанные им в 1907 году при обсуждении реформы и обращённые к революционерам: „Вам, господа, нужны великие потрясения, нам нужна великая Россия".

По материалам газет *Известия*, 06. 02. 1993 г. и *Аргументы и факты*, № 44, 1991 г.

Важные решения в деревне принимались всей общиной. Как вы оцениваете такую организацию жизни крестьян?

1 **деятель** *(т.)* auf e. Gebiet des öffentlichen Lebens Tätiger – 2 **участвовать в чём** *(uv.)* teilnehmen an – °**разработка** Ausarbeitung – 3 °**ведение** Führung – 6 °**община** Gemeinde, Gemeinschaft – 7 °**арендовать** *(uv.)* pachten – 8 °**монастырь** *(т.)* Kloster – 9 °**налог** Steuer – 12 °**выгодно** vorteilhaft – 16 **тормозить/затормозить** bremsen, hindern – 26 **недостаток** Unzulänglichkeit – 27 °**председатель совета министров** der Vorsitzende des Ministerrats – 31 **частная собственность** *(f.)* Privateigentum – 37 °**переселение** Umsiedlung – 40 **срок** Frist, Zeit – **переселять(ся)/переселить(ся)** umsiedeln – 41 **урожай** Ernte – 49 **слой** Schicht – 51 °**управление** Verwaltung – 52 **враждебный** feindlich – 57 **убивать/убить** töten – 60 °**обсуждение** Besprechung – 63 °**потрясение** Erschütterung

Aufgaben zur Sprache

Ersetzen Sie die kursivgedruckten Wörter oder Wortgruppen durch Synonyme oder synonymische Ausdrücke.

a) Z. 5 право *владеть* землёй
b) Z. 6 *объединение* крестьян
c) Z. 10 община *поддерживала*
d) Z. 15 община *тормозит* развитие
e) Z. 26 увидел *недостатки*
f) Z. 33 для *выкупа* земли
g) Z. 40 *переселилось*
h) Z. 44 *значительное* событие

Вопросы и задания

1. Что такое община и какую роль она играла в крестьянской жизни?
2. Почему община как общественный институт была удобна для государства?
3. Почему община мешала деятельной части крестьянства?
4. Что должна была изменить аграрная реформа?
5. Какие результаты имела эта реформа?
6. Кто и почему был против аграрной реформы?
7. Что вы узнали о Петре Аркадьевиче Столыпине.
8. Обобщите информацию прочитанных текстов и сделайте сообщение о положении крестьян в России в XIX веке.

3. Холодная осень

Иван Алексеевич Бунин (1870—1953) известный русский писатель. После революции эмигрировал во Францию, в 1933 году за свои литературные произведения получил Нобелевскую премию.

В нижестоящем рассказе автор описывает судьбы героев на фоне первой мировой войны.

В июне того года он гостил у нас в имении — всегда считался у нас своим человеком: отец его был другом и соседом моего отца. Пятнадцатого июня убили в Сараеве Фердинанда. Утром шестнадцатого привезли с почты газеты. Отец вышел из кабинета с московской вечерней газетой в руках в столовую, где он, мама и я ещё сидели за чайным столом, и сказал:

— Ну друзья мои, война! В Сараеве убит австрийский кронпринц. Это война!

На Петров день к нам съехалось много народу, — и за обедом он был объявлен моим женихом. Но девятнадцатого июля Германия объявила России войну...

В сентябре он приехал к нам всего на день — проститься перед отъездом на фронт (все тогда думали, что война кончится скоро, и свадьба наша была отложена до весны). И вот настал наш прощальный вечер. После ужина подали, по обыкновению, самовар, и, посмотрев на окна, отец сказал:

— Удивительно ранняя и холодная осень!

Я подошла к балконной двери: в саду, на чёрном небе, ярко и остро сверкали чистые ледяные звёзды. Отец курил, глядя на висящую над столом жаркую лампу, мама, в очках, шила. Отец спросил:

— Так ты всё-таки хочешь ехать утром, а не после завтрака?

— Да, утром, — ответил он. — Очень грустно, но я ещё не совсем распорядился по дому.

Отец вздохнул:

— Ну, как хочешь. Только в этом случае нам с мамой пора спать, мы хотим проводить тебя завтра...

Оставшись одни, мы ещё немного побыли в столовой. Он спросил:
— Хочешь погуляем немного?
На душе у меня делалось всё тяжелее:
— Хорошо...
Одеваясь в прихожей, он продолжал что-то думать, с милой улыбкой вспомнил стихи Фета:

Какая холодная осень!
Надень свою шаль и капот...

— Капота нет, — сказала я. — А как дальше?
— Не помню.
Одевшись, мы прошли через столовую на балкон, сошли в сад. Он остановился, обернулся к дому:
— Посмотри, как совсем особенно, по-осеннему, светят окна дома. Буду жив, вечно буду помнить этот вечер.
Он обнял и поцеловал меня. Поцеловав, он посмотрел мне в лицо.

— Как блестят глаза, — сказал он. — Тебе не холодно? Воздух совсем зимний. Если меня убьют, ты всё-таки не сразу забудешь меня?
Я подумала: „А вдруг правда убьют? И неужели я всё-таки забуду его в какой-то короткий срок — ведь всё в конце концов забывается?" И быстро ответила, испугавшись своей мысли:
— Не говори так! Я не переживу твоей смерти!
Он помолчал, медленно выговорил:
— Ну что ж, если убьют, я буду ждать тебя там. Ты поживи, порадуйся на свете, потом приходи ко мне.
Я горько заплакала...
Утром он уехал.
Убили его — какое странное слово! — через месяц в Галиции.

По рассказу И. А. Бунина „Холодная осень", *Повести и рассказы*, Москва, 1990 г.

6 °**гости́ть** *(uv.)* zu Besuch sein – °**име́ние** Landgut – 7 **счита́ться** *(uv.)* gelten (als); berücksichtigen – 19 **объявля́ть/объяви́ть (войну́)** (den Krieg) erklären – 20 °**жени́х** Bräutigam – 23 °**прости́ться** *(vo.)* Abschied nehmen – 25 **сва́дьба** Hochzeit – °**откла́дывать/отложи́ть** verschieben – 27 °**по обыкнове́нию** wie immer – 33 **сверка́ть** *(uv.)* glitzern – 34 **ледяно́й** Eis- – 40 °**распоряжа́ться/распоряди́ться** anordnen – 42 **вздыха́ть/вздохну́ть** seufzen – 53 **Фет** русский поэт XIX века – 55 °**капо́т** Morgenrock – 61 **обора́чиваться/оберну́ться** sich umdrehen – 65 **обнима́ть/обня́ть** umarmen – **целова́ть/поцелова́ть** küssen – 67 **блесте́ть/блесну́ть** glänzen – 73 **в конце́ концо́в** schließlich – 82 **го́рько** bitter

Жертвы первой мировой войны. Опишите фотографию, мысли и чувства человека, пришедшего с войны.

Вопросы и задания

1. В какие годы происходило описанное событие? Найдите в тексте указания на время.
2. Определите место действия, время, рассказчика и сколько лиц участвует в рассказе.
3. Какие отношения связывают главных героев?
4. Когда произошла их последняя встреча и сколько времени она продолжалась?
5. Найдите в тексте места, в которых описываются поведение, мысли и чувства человека, уходящего на войну, и охарактеризуйте их.
6. Найдите в рассказе описания природы. Какова, по-вашему, связь между ними и героями рассказа?

4. Революция в России

В феврале 1917 года в стране всё чаще происходили демонстрации из-за нехватки продуктов, забастовки на заводах и фабриках. Военные неудачи русских войск в первой мировой войне, экономический хаос, недовольство политикой царского правительства привели страну к кризису. Оппозиция формировалась сначала в либеральных кругах общества. 26 февраля (11 марта)* царь распустил Государственную думу, но её члены отказались выполнить этот приказ. Это стало началом Февральской революции. 1 (14) марта в Петрограде и Москве началось восстание против царского режима. 2 (15) марта царь отрёкся от престола.

С 3 (16) марта Россия стала фактически республикой. Власть перешла к Временному правительству, которое провозгласило гражданские права и призвало к созыву Учредительного собрания. Одновременно на заводах, фабриках, в казармах избирались Советы рабочих и солдатских депутатов.

Из эмиграции в Россию возвращаются Ленин и Троцкий — руководители большевистской партии. Ленин предлагает радикальную программу под лозунгом „Вся власть Советам!" Большевистская партия начинает борьбу против Временного правительства, главой которого был Керенский.

В ночь с 25 на 26 октября (с 7 на 8 ноября) произошла Октябрьская революция. Временное правительство было свергнуто большевиками, большинство министров арестовано, Керенский бежал из Петрограда. К власти пришла партия большевиков. Сразу же после Октябрь-

Уже с начала 20-х годов Октябрьская революция становится для многих советских художников главной темой их работ... Рисунок художника Кринского „Октябрь у Кремля" (начало 20-х годов) стилизованно изображает штурм Кремля, одного из старейших памятников России, где по традиции происходила коронация всех русских царей.

ской революции состоялись свободные выборы. Из 36 миллионов избирателей только 9 миллионов проголосовали за большевиков, остальные за буржуазные и социалистические партии. Ленин объявил все буржуазные партии, участвовавшие в выборах, нелегальными.

В стране началась гражданская война, продолжавшаяся более двух лет.

В декабре 1922 года был образован Союз Советских Социалистических Республик.

Даниил Гаврилов

*Числа и месяцы указываются как по юлианскому календарю, по старому стилю, так и по григорианскому, по новому стилю, который был введён в России 14 февраля 1918 года. Различие между старым и новым стилями составляет в XX веке 13 дней.
2 °нехва́тка чего Mangel an etw. – 3 °забасто́вка Streik – 4 во́йско Heer, Truppen – 6 недово́льство Unzufriedenheit – 10 °распуска́ть/распусти́ть auflösen – °(Госуда́рственная) ду́ма die (Staats-)Duma, Parlament im zaristischen Rußland – 12 прика́з Befehl – 14 восста́ние Aufstand – 16 °отрека́ться/отре́чься от престо́ла auf den Thron verzichten – 18 °Вре́менное прави́тельство die Provisorische Regierung – 19 °провозглаша́ть/провозгласи́ть ausrufen, verkünden – 20 гражда́нские права́ – °призва́ть (vo.) auffordern – °созы́в Einberufung – 21 °Учреди́тельное собра́ние die Konstituierende Versammlung – 23 °избира́ть/избра́ть wählen – °сове́т Rat (politische Institution) – 28 ло́зунг Losung, Parole – 29 власть (f.) Macht – 31 глава́ прави́тельства Regierungschef – 36 сверга́ть/све́ргнуть stürzen – 41 вы́боры Wahlen – избира́тель (m.) Wähler – 42 голосова́ть/проголосова́ть abstimmen – 47 гражда́нская война́ Bürgerkrieg – 49 образо́вывать/образова́ть gründen

Aufgaben zur Sprache

1. Suchen Sie im Text die Adjektive mit den Suffixen -н- und -ск- und bestimmen Sie, von welchen Substantiven sie abgeleitet sind.
2. Verwandeln Sie die Verbalkonstruktionen in substantivische Konstruktionen.
   a) Z. 8   оппозиция формировалась
   b) Z. 12 выполнить приказ
   c) Z. 16 отрёкся от престола
   d) Z. 19 провозгласило гражданские права
   e) Z. 23 избирались Советы
   f) Z. 25 Ленин и Троцкий возвращаются в Россию
   g) Z. 27 предлагает радикальную программу
   h) Z. 35 было свергнуто правительство
   i) Z. 44 объявил партии нелегальными
   j) Z. 49 был образован СССР

Вопросы и задания

1. Что стало причиной недовольства масс и массовых демонстраций в начале 1917 года?
2. Какие события стали началом Февральской революции?
3. Какие государственные изменения произошли в начале Февральской революции? Назовите даты этих событий.
4. Какая политическая партия начала борьбу против Временного правительства? Кто был её руководителем и какова была её программа?
5. Что произошло в первые дни Октябрьской революции?
6. Каковы были результаты первых свободных выборов в России?
7. Как реагировали большевики на это?
8. Когда был образован Советский Союз?

5. Строительство колхозов

Одним из лозунгов большевиков в 1917 году был „Землю — крестьянам!". После окончания гражданской войны экономика страны была почти полностью разрушена. В 1921 году коммунистическая партия начинает новую экономическую политику (нэп). (О нэпе и об индустриализации страны смотри главу „Жить без иллюзий".) Самой
5 *благоприятной эрой для крестьян за всё время существования СССР были 1924—1927 годы. В 1929 году началась насильственная коллективизация. Средства массовой информации молчали о народной трагедии, происходившей в деревне. В печати публиковались лишь пропагандистские тексты, рассказывающие об успехах коллективизации. Один из таких текстов печатается внизу.*

10 В первую пятилетку были построены мощный тракторный завод в Сталинграде и заводы сельскохозяйственной техники в Саратове и в Запорожье. Всё это нужно было для того, чтобы крестьянское
15 хозяйство работало по последнему слову техники.

Это дало возможность объединить крестьянские хозяйства в колхозы. Это было нелегко. Крестьяне вначале ещё
20 крепко держались за своё хозяйство.

Партия сумела показать крестьянам не только словом, но и делом большую пользу и преимущество колхозного строя. Советское правительство послало в дерев-
25 ню много тракторов, комбайнов и других машин. И в 1929 году масса крестьян-бедняков, а за ними и крестьян-середняков начала вступать в колхозы.

Колхозы росли, крепли и стали быстро шагать к счастливой и богатой жизни. 30 Крестьяне в колхозах собирали больше хлеба. В деревне стало больше школ, библиотек, клубов. В 1932 году в колхозы было объединено уже больше половины крестьянских дворов, и они вырабаты- 35 вали в три раза больше продуктов, чем в царской России.

В Советском Союзе возникло социалистическое сельское хозяйство без помещиков и кулаков. 40

По учебнику русского языка *Хрестоматия*, Берлин: Фольк унд Виссен Ферлаг 1953 г.

2 **по́лностью** vollständig – **разруша́ть/разру́шить** zerstören – 5 **благоприя́тный** günstig – 6 °**наси́льственная коллективиза́ция** Zwangskollektivierung – 7 **печа́ть** *(f.)* hier: Presse – 10 °**пятиле́тка** Fünфjahresplan – 11 °**мо́щный** mächtig – 20 **держа́ться за что** *(uv.)* sich festhalten, klammern an – 21 **суме́ть** *(vo.)* können, imstande sein – 23 **по́льза** Nutzen – **преиму́щество** Vorteil – 25 °**комба́йн** Mähdrescher – 27 °**крестья́нин-середня́к** mittlerer Bauer – 28 **вступа́ть/вступи́ть (в) (о) что** eintreten in – 29 °**кре́пнуть** *(uv.)* erstarken – 40 °**кула́к** hier: Kulake, Großbauer

Вопросы и задания

1. Прочитайте текст и разделите его на смысловые части.
2. Найдите в тексте информацию о том:
    — Как партия готовилась к коллективизации?
    — Какова была реакция крестьян?
    — Как партии удалось убедить крестьян в пользе коллективизации?
    — Какие называются преимущества колхозной жизни?
    — Какие приводятся статистические данные об образовании колхозов и их деятельности?
    — Как определяется в тексте понятие „социалистическое сельское хозяйство"?
3. Перечитайте предпоследний абзац текста. Какое слово постоянно повторяется в нём? Какова цель этого повторения?

6. Выслушайте, товарищ Сталин!

Не только крестьяне, но и местные партийные работники писали Сталину письма, в которых рассказывали о реальном положении в деревне во время коллективизации. Тысячи таких писем десятилетиями хранились в секретных архивах и только в последние годы были опубликованы.

Добрый день, уважаемый товарищ Сталин!

Пишу письмо с Украины, из маленького села. Вот такое послушайте, товарищ Сталин.

В нашем селе 317 дворов. Коллективизация выполнена на сто процентов. Вы думаете, здесь Советская власть? Нет, не советская, а чисто буржуйская…

Вспомните крепостное право: 6 дней работа на помещиков, а седьмой — воскресенье, в которое нельзя работать, потому что праздник. Так и на селе каждый день работают в колхозе.

Село выполнило план на 65 процентов. Колхоз отдал весь хлеб до последнего фунта. Теперь нет в селе ни зёрнышка. Кормить скот нечем, и животные умирают от голода. Люди голодают и говорят: „Хлеба, хлеба…"

В прошлом году урожай был средний, и население с трудом выжило. План был тогда 38 тысяч пудов, а сейчас — 57 тысяч пудов.

Масса населения против Соввласти. Нет никакой культурной работы. Одна хлебозаготовка.

Рабочим, которые работали когда-то в колхозе, а теперь ушли в промышленность, их детям и жёнам нет покоя. Продукты, которые они привозят, забирают. Голод…

1 °**местный** örtlich – 3 °**десятилетиями** jahrzehntelang – °**хранить** *(uv.)* aufbewahren – 5 **уважаемый** sehr geehrt – 8 **село** größeres Dorf – 11 **выполнять/выполнить** erfüllen – 21 °**зёрнышко** (*Dim. v.* зерно) Körnchen – 22 °**скот** Vieh – 23 **голод** Hunger – 25 **урожай** Ernte – 27 °**пуд** Pud = 16 kg (vorrevolutionäre Gewichtseinheit) – 31 °**хлебозаготовка** Getreidelieferung – 34 **покой** Ruhe

Вот одна из жалоб Сталину, найденных в архивах. Попробуйте прочитать её.

Настоящее можно понять из прошлого

В домах холод, раскулачивают бедняков, колхозников исключают из колхозов за то, что хлеб не сдают. Крестьянину на собраниях говорить не дают. Дети не ходят в школу, они без обуви, одежды, голодные. Горячие завтраки были в школе только раз в месяц — чай без сахара.

В селе нет ни керосина, ни мыла, нигде нельзя купить хлеба. Вот такое село. Ответ персонально по адресу: Бабанский район, УССР, село Полонистое. Комсомолец, секретарь ячейки Пастушенко. 1932 г.

По журналу *Юность*, № 12, 1990 г.

37 °**раскула́чивать/раскула́чить** enteignen – 38 **исключа́ть/исключи́ть из чего** ausschließen aus – 41 **о́бувь** (*f.*) Schuhwerk – 45 **мы́ло** Seife – 49 °**яче́йка** Zelle, *hier:* organisatorische Einheit

Вопросы и задания

1. Что автор письма сообщает о себе?
2. Как прошла коллективизация в его селе?
3. Как работают крестьяне в колхозе?
4. Как относятся колхозники к Советской власти?
5. Как относится Советская власть к колхозникам?
6. В каких условиях живут колхозники?
7. Как выполняется культурная и образовательная программа?
8. Какую роль играли хлебозаготовки в жизни крестьян?
9. С чем сравнивает автор письма жизнь крестьян в колхозе? Согласны ли вы с ним и почему? Есть ли в письме другие факты, говорящие „за" или „против" этого сравнения? В каком тексте этой главы вы уже читали эти слова?
10. Сравните текст „Строительство колхозов" с письмом комсомольца Пастушенко.

7. Коллективизация

Что такое „кулак"? В 20–30-е годы кулаками называли обычных типичных крестьян. Сам тип крестьянина, тип крестьянской психологии был объявлен „кулачеством". Целью коллективизации была ликвидация кулаков как класса. До революции в России кулаками называли сельских жителей, которые уже давно занимались не крестьянским трудом, а торговлей, но продолжали жить в деревне.

Насильственная коллективизация 1929–1932 годов стала причиной страшного голода, от которого умерли миллионы людей. Большинство историков считает, что от голода в 1932–1933 годах умерло от 4 до 7 миллионов человек. В настоящее время стали известны документы, которые говорят о том, что это был организованный голод. При помощи голода хотели заставить крестьян вступать в колхозы. Это, возможно, самое страшное преступление Сталина против народов СССР. Более того, в стране был хлеб, хлеб экспортировался даже за границу и продавался там по очень низким ценам, чтобы получить иностранную валюту для индустриализации страны.

Тотальные заготовки хлеба стали причиной того, что значительная часть колхозов в самых плодородных областях России — на Украине, на Дону, на Кубани, на Волге, на южном Урале, на юге Сибири и частично в Казахстане — осталась без хлеба. Голод в этих районах начался уже с ноября 1931 года.

Какова была реакция населения? Люди уходили из родных мест в другие районы или на большие стройки. Целью хлебозаготовок 1932 года была полная конфискация зерна в деревне. Для этого правительство использовало самые варварские административно-репрессивные методы. И начался массовый смертный голод.

Зоя Малышева

13 **стра́шный** *hier:* schrecklich – 22 °**преступле́ние** Verbrechen – 31 °**плодоро́дный** fruchtbar – 37 **населе́ние** Bevölkerung – 40 °**конфиска́ция** Beschlagnahme

Посмотрите на плакат. Какими методами проводила Советская власть коллективизацию в деревне?

Aufgaben zur Sprache

1. Z. 3 крестьян Bestimmen Sie den Kasus. Welche Besonderheit der Deklination weist dieses Substantiv auf? Nennen Sie ähnliche Beispiele.
2. Verwandeln Sie die Nebensätze in Partizipialkonstruktionen.
   a) До революции в России кулаками называли людей, которые стали богатыми и давно перестали быть крестьянами, но продолжали жить в деревне.
   b) В настоящее время стали известны документы, которые говорят о том, что это был организованный голод.

Вопросы и задания

1. Какая разница была в значении слова „кулак" до и после революции?
2. Что было целью коллективизации?
3. Какие причины голода называются в тексте?
4. В каких регионах был голод и как характеризуются эти географические места?
5. Как оценивают сегодня российские историки коллективизацию в СССР?

8. Три года ссылки в Сибирь — это пустяк ...

Анатолий Наумович Рыбаков, родился в 1911 году, советский писатель. Роман „Дети Арбата" — это рассказ о судьбе и жизни нескольких молодых людей, которые родились и выросли в Москве, в районе Арбата. Их судьбы разные, но все вместе они дают групповой портрет юношей и девушек поколения 30-х годов. „Я ничего не выдумывал, писал то, что видел и пережил, — писал Рыбаков о романе. — Сейчас мы не всё принимаем в их мыслях и действиях. Но люди живут по законам своего времени. Время действия романа — 1934 год." Роман во многом автобиографичен: как и главный герой романа Саша, Рыбаков был арестован после окончания института и сослан в Сибирь.

Роман был написан в 1966 году, но цензура не разрешала его публиковать. Впервые он был опубликован в 1987 году.

— Как Саша? — спросил Марк Александрович.

Она помедлила с ответом.

— Саша... Последнее письмо было из Канска. Ему назначено село Богучаны, но оттуда ещё ничего нет. Не знаю, как он туда — поехал или пошёл? Я смотрела по карте... Богучаны на реке Ангаре, дороги туда нет никакой, пешком, наверное... — она вдруг усмехнулась. — Не знаю, как теперь гонят на каторгу.

— Соня! — произнёс Марк Александрович. — Я понимаю, тебе очень тяжело. Но я хочу, чтобы ты ясно представила себе положение вещей. Во-первых, у нас нет каторги. Во-вторых, Сашу отправили не в лагерь, а в ссылку. Время у нас строгое, ничего не поделаешь, его выслали на три года, он будет жить в селе, в сёлах живут миллионы людей, будет там работать. Он молод, три года пролетят быстро.

Она вдруг улыбнулась, потом ещё улыбнулась. Он хорошо знал эту улыбку.

И она сказала:

— Выходит, мало дали, три года.

— Разве я говорю, что следовало дать больше? Я говорю, что это, будем прямо говорить, в наше время пустяк — три года ссылки... Ведь расстреливают...

Она всё улыбалась, казалось, сейчас засмеётся.

— Не расстреляли... За стихи в стенгазете не расстреляли, дали за стихи всего три года ссылки в Сибирь — спасибо! Три года пустяк! Ведь и Иосифу Виссарионовичу Сталину больше трёх лет ссылки не давали, а он устраивал забастовки, демонстрации, подпольные газеты выпускал, нелегально за границу ездил, и всё равно три года — она перестала улыбаться, прямо и строго посмотрела на Марка Александровича. — Да! Если бы царь судил вас по вашим законам, то он продержался бы ещё тысячу лет...

Он ударил кулаком по столу.

— Что ты говоришь? Дура! Прекрати сейчас же! Как ты смеешь так говорить? При мне! Да, у нас диктатура пролетариата, а диктатура — это насилие. Но насилие большинства над меньшинством. А при царе меньшинство подавляло большинство, поэтому царь и не смел применять тех крайних мер, которые применяем мы во имя народа и для народа. Революция должна защищать себя. Если ты такое кому-нибудь скажешь, то попадёшь в лагеря.

Она молча слушала. Потом спокойно проговорила:

— Я тебя прошу в моём доме никогда не стучать кулаком по столу. Что касается лагерей, я ничего не боюсь, хватит, боялась, довольно! Всех не пересажаете, тюрем не хватит... „В сёлах живут миллионы"! А ты видел, как они живут? Раньше, молодой, ты любил петь песню о народе, помнишь? Хорошо пел, с душой, добрый был, жалел мужика. Что же ты сейчас его не жалеешь? А Саша — не народ? Такой чистый, так верил, а его в Сибирь, расстрелять нельзя было, так хоть в Сибирь.

Что осталось от ваших песен?... Молитесь на своего Сталина...

Марк Александрович встал.

— Ну, дорогая сестра...

— Не шуми, не волнуйся, продолжала она, — вот что я тебе скажу, Марк. — Подняли меч на невинных, на беззащитных и сами от меча погибнете! — Она наклонила седую голову, посмотрела на брата.

— И, когда придёт твой час, Марк, тогда ты вспомнишь Сашу, подумаешь, но будет поздно. Ты не защитил невинного. Тебя тоже некому будет защитить.

По роману А. Рыбакова *Дети Арбата*, Москва, 1987 г.

---

13 °**мéдлить/помéдлить** zögern – 20 **усмехáться/усмехнýться** (spöttisch) lächeln – 21 **гнать** (uv.) (**гоню́, го́нишь**) treiben, jagen – °**кáторга** Zwangsarbeit – 22 **произноси́ть/произнести́** sagen – 27 °**ссы́лка** Verbannung – 28 °**высылáть/вы́слать** verbannen – 36 °**слéдовало** *hier:* sollte man – 38 **пустя́к** Kleinigkeit – 39 °**расстрéливать/расстреля́ть** erschießen – 42 **стенгазéта** стенная газета – 48 °**подпо́льный** Untergrund- – 50 **переставáть/перестáть** aufhören – 53 °**суди́ть** (uv.) verurteilen – 54 °**продержáться** (vo.) sich halten – 55 **ударя́ть/удáрить** schlagen – **кулáк** Faust – 56 °**дýра** Dummkopf (*in bezug auf Frauen*) – °**прекращáть/прекрати́ть** aufhören – 57 °**сметь** (uv.) wagen – 59 °**наси́лие** Gewalt – 61 °**подавля́ть** (uv.) unterdrücken – 63 °**крáйние мéры** (Pl.) extreme Maßnahmen – 64 °**во и́мя нарóда** im Namen des Volkes – 65 °**защищáть/защити́ть** verteidigen – 67 °**лáгерь** (m.) Arbeitslager – 71 °**что касáется** was ... betrifft – 72 **хвáтит** = **довóльно** es reicht – 73 °**всех не пересáжаете** alle könnt ihr gar nicht verhaften – 74 °**тюрьмá** Gefängnis – 78 °**жалéть** (uv.) Mitleid haben – °**мужи́к** Bauer – 83 °**моли́ться на что** (uv.) anbeten, vergöttern etw. – 89 °**меч** Schwert – 90 **погибáть/поги́бнуть** umkommen, zugrunde gehen – **наклоня́ть/наклони́ть** neigen – 91 **седóй** grauhaarig

---

Aufgaben zur Sprache

1. Ersetzen Sie die kursivgedruckten Wörter oder Wortgruppen durch Synonyme oder synonymische Konstruktionen.
   a) Z. 24 *ясно* представила себе
   b) Z. 31 три года *пролетят* быстро
   c) Z. 36 что *следовало* дать больше
   d) Z. 38 это в наше время *пустяк*
   e) Z. 56 *дура*
   f) Z. 69 *проговорила*
2. Ersetzen Sie die kursivgedruckten Wörter oder Wortgruppen durch Antonyme oder antonymische Konstruktionen.
   a) Z. 16 *оттуда*, b) Z. 28 *ничего*, c) Z. 25 *нет каторги*, d) Z. 30 *там*, e) Z. 56 *дура*, f) Z. 56 *прекрати*, g) Z. 81 *нельзя*, j) Z. 94 *поздно*.
3. Erklären Sie aus dem Textzusammenhang die Aspektwahl der folgenden Verben: a) Z. 39 расстреливают, b) Z. 40 улыбалась, c) Z. 47 давали, d) Z. 66 скажешь, e) Z. 67 попадёшь.

Вопросы и задания

1. Кто участники этого диалога?
2. Что вы узнали в тексте о Саше?
3. Какие аргументы приводит Марк Александрович, чтобы показать, что три года ссылки это был „пустяк" в то время?
4. Какая информация в тексте о Сталине?
5. Почему её брат кричит: „Прекрати сейчас же!" Чего и почему он боится?
6. Как объясняет Марк Александрович насильственные действия правительства?
7. Найдите в тексте строки, в которых Софья Александровна выступает против политики государства и строки, которые говорят о том, что так думают многие.

Настоящее можно понять из прошлого

8. Как понимает она слово „народ"?
9. Найдите в тексте строки, где Софья Александровна критикует бывших революционеров. За что она их критикует?
10. Какое будущее, по мнению Софьи Александровны, ждёт брата и почему?
11. Найдите в тексте указания на то, что судьба Саши была типична для того времени.
12. На основе прочитанных ранее текстов прокомментируйте слова Софьи Александровны: „В сёлах живут миллионы"! А ты видел, как они живут?". Что она имеет в виду? Почему, по вашему мнению, её брат „сейчас не жалеет народ"? Как он оправдывает такую позицию?
13. Прокомментируйте слова Софьи Александровны: „Если бы царь судил вас по вашим законам, то он продержался бы ещё тысячу лет..." Что она сравнивает и критикует в этих строках?
14. Составьте рассказ о политике Сталина в 30-е годы.

Журнал „Огонёк" от 10 сентября 1936 года. Народ согласен с решениями партии на фотографии — а в жизни?

9. Он не вернулся из боя

Война — это страшное слово пробудило от сна в воскресенье 22 июня 1941 года миллионы людей в СССР. Фашистская Германия напала на СССР, началась Великая Отечественная война, которая продолжалась более четырёх лет и закончилась в мае 1945 года. В России вряд ли можно найти семью, которая не пострадала во время войны: миллионы погибших, разрушенные города и сёла.

Поэтому не случайно, что война стала темой творчества многих писателей, поэтов, бардов и художников. Владимир Высоцкий (1938—1980), один из самых популярных бардов 60—70-х годов, написал серию песен о войне.

Почему всё не так? Вроде всё как всегда:
10 То же небо, опять голубое,
Тот же лес, тот же воздух и та же вода,
Только он не вернулся из боя.

Мне теперь не понять, кто же прав был из нас,
В наших спорах без сна и покоя.
15 Мне не стало хватать его только сейчас,
Когда он не вернулся из боя.

Он молчал невпопад и не в такт подпевал,
Он всегда говорил про другое,
Он мне спать не давал, он с восходом вставал,
20 А вчера не вернулся из боя.

То, что пусто теперь, — не про то разговор:
Вдруг заметил я — нас было двое!...
Для меня словно ветром задуло костёр,
Когда он не вернулся из боя.

25 Наши мёртвые нас не оставят в беде,
Наши павшие — как часовые...
Отражается небо в лесу, как в воде,
И деревья стоят голубые.

Нам и места в землянке хватало вполне,
30 Нам и время текло для обоих...
Всё теперь одному, только кажется мне —
Это я не вернулся из боя.

Слова и музыка В. Высоцкого, 1969 г.

В Великой Отечественной войне в России погибло более 20 млн. человек. Какое впечатление производит на вас этот плакат?

1 **буди́ть/про(раз)буди́ть** wecken – 2 **напада́ть/напа́сть (нападу́, -ёшь)** angreifen, überfallen – 5 **разруша́ть/разру́шить** zerstören – 6 **тво́рчество** Schaffen – 9 **вро́де** anscheinend – 12 **верну́ться** (vo.) zurückkommen – **бой** Schlacht – 15 °**мне не хвата́ет его́** er fehlt mir – 17 °**невпопа́д** unpassend, nicht zur Zeit – °**подпева́ть** (uv.) leise mitsingen – 19 °**восхо́д** Sonnenaufgang – 23 °**сло́вно** gleichsam – °**задува́ть/заду́ть** auslöschen – **костёр** Lagerfeuer – 26 °**па́вший** Gefallener – **часово́й** Wache – 27 **отража́ться/отрази́ться** sich widerspiegeln – 29 °**земля́нка** Erdhütte, Unterstand – 30 **течь** (uv.) **(теку́, течёшь; тёк, текла́)** vergehen, verfließen (Zeit)

10. На братских могилах

На братских могилах не ставят крестов,
и вдовы на них не рыдают.
К ним кто-то приносит букеты цветов,
и Вечный огонь зажигают.

5 Здесь раньше вставала земля на дыбы,
а нынче — гранитные плиты.
Здесь нет ни одной персональной судьбы
— все судьбы в единую слиты.

А в Вечном огне — видишь вспыхнувший танк,
горящие русские хаты,
10 горящий Смоленск и горящий рейхстаг,
горящее сердце солдата.

У братских могил нет заплаканных вдов
— сюда ходят люди покрепче.
На братских могилах не ставят крестов...
15 Но разве от этого легче?!

Слова и музыка В. Высоцкого, 1965 г.

Настоящее можно понять из прошлого

°бра́тская моги́ла Massengrab – 1 °крест Kreuz – 2 °вдова́ Witwe – °рыда́ть *(uv.)* schluchzen – 4 ве́чный ого́нь ewige Flamme – 5 °встава́ть/встать на дыбы́ s. aufbäumen – 6 °ны́нче *(umg.)* heute – 8 °слива́ть/слить vereinigen, verschmelzen – 9 вспы́хивать/вспы́хнуть aufflammen – 10 горе́ть *(uv.)* brennen – °ха́та Bauernhütte – 13 °запла́канный verweint

Вопросы и задания

1. Прочитайте и переведите текст песен.
2. Сравните содержание обоих текстов.

11. Смерть тирана

Интервью „Независимой газеты" с Дмитрием Волкогоновым, историком и автором первых в российской литературе политических биографий Иосифа Сталина и Льва Троцкого, было опубликовано в сороковую годовщину смерти Иосифа Сталина.

— 40 лет со дня смерти Сталина. В чём, по-вашему, актуальность этого „юбилея"?

— Сталин умер 5 марта 1953 года, но как историческая личность Сталин не умрёт никогда. Он останется в памяти людей самым страшным диктатором не только XX века, но, возможно, и во всей истории человеческой цивилизации. Для меня эта дата — напоминание о трагедии, которую пережил наш народ, и предупреждение о реальности угрозы неосталинизма.

— Что было 5 марта?

— Страна искренне горевала. И только заключённые ГУЛАГа радовались, надеясь на скорую амнистию…

— А каким было тогда положение в сельском хозяйстве?

— Сталин никогда по-настоящему его не знал. Так как уже было новое сословие крепостных, он считал, что достаточно лучше работать плёткой. Чем больше будут давить, тем больше выдадут! Отсюда и другое сталинское изобретение — ГУЛАГ. В 1953 году в нём находилось около 5 млн. человек, фантастическое число! Действовало примерно 140 особых лагерей, где сидели со сроками не менее 15 лет. 10-часовой рабочий день в ужасающих условиях, редко кто мог выдержать хотя бы 5 лет.

— Как вы оцениваете живучесть идей сталинизма?

— Не все ещё до конца понимали в марте 1953 года, да и сейчас, что умер „Сталин — это Ленин сегодня". И звучит это совсем не комично. Сталин был самым верным ленинцем. Все последующие годы, особенно при Брежневе, несмотря на доклад Хрущёва на XX съезде партии, были попытки реабилитировать Сталина. Некоторые говорили, отбросим репрес-

Как характеризуют почтовые марки Сталина? Сравните эту характеристику с текстом.

54   *Настоящее можно понять из прошлого*

сии, оставим всё хорошее, что было при нём. Но главным в политике Сталина была безграничная диктатура, которую завещал Ленин. И сейчас предлагаются подобные варианты. На днях два депутата заявили с телеэкрана, что желательна диктатура. Многие проводят аналогии с Чили и Пиночетом. Нет, любая диктатура у нас — это путь к неосталинизму. У нас другой опыт, другие традиции. Диктатор в России будет кровавый диктатор.

Да, мы в трудном положении, правительство сделало много ошибок, положение народа тяжёлое, глубокий кризис, но давайте решать проблемы в рамках Конституции. Призывать к диктатуре — значит оживлять тень человека, который три десятилетия уничтожал людей. По моим подсчётам, основанным на конкретных данных, с 1929 по 1953 год в СССР было репрессировано 21,5 млн. человек. 35% были расстреляны сразу, ещё 30% погибли в лагерях и около 30% сумели пережить заключение. Сюда не включены депортированные народы, жертвы голода. Хотим ли повторения истории?

— *Насколько реальны шансы неосталинизма?*

— Шансы на успех реформ я оцениваю как 55 против 45. Альтернатива — вялый тоталитарный режим. Но многим хотелось бы возродить неосталинизм. Такая вероятность, по-моему, в границах 18—20%. Если бы тосковали по Сталину и „твёрдой руке" только старики, то это было бы не так страшно, но среди среднего и молодого возраста таких 15—20%. А это для России много! Опасно много!

Разве можно исключить возможность того, что люди, уставшие от тяжёлой жизни, неосознанно пойдут за демагогом, который пообещает им гарантированный кусок хлеба, элементарный прожиточный минимум? Неосталинизм, если он состоится, не будет простым повторением того, что было при Сталине. Но диктатура даже с внешними атрибутами демократии не менее страшна для России. Не забывайте: Сталин умер, но неосталинизм ещё живёт.

По газете *Независимая газета*, 04. 03. 1993 г.

3 °годовщи́на сме́рти Todestag – 13 напомина́ние Erinnerung, Mahnung – 14 °предупрежде́ние Warnung – 15 °угро́за Gefahr – 17 и́скренний aufrichtig – °горева́ть *(uv.)* trauern – 18 °заключённый der Strafgefangene – °ГУЛАГ — Гла́вное управле́ние лагере́й GULAG — Hauptverwaltung der Arbeitslager – 23 °сосло́вие Stand – 25 °плётка Peitsche – 26 °дави́ть *(uv.)* drücken – вы́давливать/вы́давить herauspressen – 27 изобрете́ние Erfindung – 30 °осо́бый ла́герь Sonderlager – 31 срок Frist – 32 °ужаса́ющий erschreckend – 35 °живу́честь *(f.)* Lebensfähigkeit – 41 °ле́нинец Anhänger Lenins – 45 °отбра́сывать/отбро́сить *hier*: abschaffen – 49 °завеща́ть *(uv.)* (testamentarisch) vermachen – 51 заявля́ть/заяви́ть verkünden, erklären – 56 °крова́вый blutig – 62 °оживля́ть/оживи́ть beleben – тень *(f.)* Schatten – 65 °да́нные Daten – 66 °репресси́ровать *(uv.)* Repressalien anwenden – 67 °расстреля́ть *(vo.)* erschießen – 69 заключе́ние Inhaftierung, Haft – 70 включа́ть/включи́ть einschließen – °депорти́рованный zwangsumgesiedelt – 71 же́ртва Opfer – 76 °вя́лый schlaff – 80 °тоскова́ть по чему *(uv.)* Sehnsucht haben nach – 81 твёрдая рука́ feste Hand – 85 исключа́ть/исключи́ть ausschließen – 89 °прожи́точный ми́нимум Existenzminimum

Aufgaben zur Sprache

1. Schreiben Sie alle Zahlen in Worten auf und bestimmen Sie den Kasus.
2. Übersetzen Sie Z. 20—34.

Вопросы и задания

1. Сколько времени Сталин руководил страной? Как оценивает Волкогонов значение Сталина в истории СССР?
2. Как реагировало население страны на смерть Сталина?
3. О каких сталинских „изобретениях" рассказывает историк?
4. Найдите в тексте строки, в которых имена Ленина и Сталина связываются вместе.
5. Какие примеры приводит Волкогонов для доказательства неосталинистских тенденций в обществе?
6. Как характеризует историк положение в стране сегодня и какое решение он предлагает?
7. Как и на основе чего оценивает Волкогонов число жертв сталинских репрессий?
8. Сколько процентов населения и в каких возрастных группах выступает за неосталинизм?
9. При какой ситуации возможно, по мнению историка, возвращение к диктатуре?
10. Найдите в тексте строки, в которых историк оценивает опасность диктатуры для России в будущем.
11. Почему, по мнению Волкогонова, сегодняшняя политическая ситуация в России опасна?
12. Посмотрите на карикатуру и скажите: Как художник изобразил фигуры людей? Какая у них профессия? Кто и как изображён в центре рисунка? О каком периоде советской истории идёт речь? Какую характерную черту этого периода хотел передать автор?

12. Почему раньше было лучше?

Последнее время всё чаще слышны голоса о том, что „раньше жилось лучше", что старая система „социализма", была, в общем-то, не такая уж плохая, обеспечивала всем необходимым, а работать за это много не нужно было. Всю вину за кризис нашей экономики, который достиг своей вершины к началу 90-х годов, валят на перестройку, реформы и правительство. Это если не откровенная ложь, то жестокое заблуждение.

Давайте посмотрим на нашу историю за последние 75 лет. До 1917 года у нас была нормальная по тем временам экономика, относительно развитый промышленный сектор и сельское хозяйство, кормившее страну. Россия была полноправным участником международных экономических отношений.

Несмотря на попытку введения военного коммунизма после октябрьского переворота, от которого большевикам вскоре пришлось отказаться, прежняя экономическая система в определённой мере просуществовала до конца 20-х годов (под видом нэпа). Можно сказать, что таким образом к началу 30-х годов в России был сохранён её гигантский экономический потенциал, созданный ещё до революции.

Следующие 20 лет — время жесточайшей диктатуры и чудовищных социально-экономических экспериментов, унёсших миллионы человеческих жизней. Страна в прямом и переносном смысле была превращена в громадный концлагерь. Рабский труд недорого обходился государству, которое сгоняло миллионы заключённых на „стройки коммунизма".

Но после смерти Сталина ситуация меняется. Кратковременный энтузиазм, связанный с хрущёвскими реформами, сменяется апатией. Новое поколение, воспитанное после нэпа, после индустриализации и коллективизации, не обладает теми трудовыми навыками, которыми обладало поколение довоенное.

Во время брежневского двадцатилетнего правления всеобщее разложение усиливается. Всё острее дефицит товаров и, главное, продовольствия. В начале 70-х крах оттягивается мировым энергетическим кризисом. Резко возросшие цены на нефть — основной продукт, который способна экспортировать страна, — позволяют использовать ресурсы „друзей" из советского блока. Вскоре нефть катастрофически дешевеет, а в стране подрастает новое поколение — поколение застоя. Исчерпаны последние возможности поддерживать экономику на плаву — и крах наступает.

В этих условиях в 1985 году к власти приходит Горбачёв, который стремится спасти старую систему, социализм, придав ему человеческое лицо. Но это ведёт к дальнейшему её развалу, так как система нереформируемая, тупиковая. Завершают дело всем известные события августа 91-го.

Вот и хочется спросить людей, испытывающих ностальгию по прошлому, — неужели они не способны понять, что страна ещё до перестройки зашла в тупик, из которого старыми методами уже нельзя было выйти, что не перестройка привела к краху, а крах привёл к перестройке? А раз так, то может ли существовать другой путь, чем тот, по которому наконец-то начинает идти весь мир и по которому пошли и мы, заплатив за понимание нашей ошибки такую колоссальную цену?

По газете *Аргументы и факты*, № 10, 1993 г.

---

4 обеспе́чивать/обеспе́чить кого-либо чем-либо versehen jdn. mit etw. – 6 °вали́ть вину́ die Schuld auf jdn. schieben – 7 достига́ть/дости́гнуть, дости́чь erreichen – 8 верши́на Gipfel – 10 ложь (f.) Lüge – жесто́кий grausam, stark – 11 °заблужде́ние Irrtum – 15 относи́тельно relativ – 17 °полнопра́вный gleichberechtigt – 20 введе́ние Einführung – 22 °переворо́т Umsturz – 32 °чудо́вищный ungeheuer – 35 °перено́сный смысл übertragener Sinn – 37 °обходи́ться (uv.) kosten – 42 °сменя́ться/смени́ться sich ablösen – 46 °на́вык Fertigkeit – 49 °разложе́ние Verfall – 52 °оття́гивать (uv.) verzögern – 54 нефть (f.) Öl – 59 °засто́й Stagnation – °исче́рпывать/исчерпа́ть erschöpfen – 60 подде́рживать/поддержа́ть на плаву́ hier: so wie bisher weiterführen – 61 °крах Bankrott, Zusammenbruch – 67 °развал Zerfall – 68 °тупико́вый ausweglos – 74 °тупи́к Sackgasse

Aufgaben zur Sprache

1. Übersetzen Sie Z. 1—11.
2. Erklären Sie die Aspektwahl der folgenden Verben: a) Z. 12 посмотрим, b) Z. 37 обходился, c) Z. 40 меняется.

Вопросы и задания

1. Какие аргументы часто приводятся в подтверждение того, что раньше было „лучше"?
2. Как оценивает автор политическое и экономическое положение России до Октябрьской революции?
3. О каких экономических реформах первого послереволюционного десятилетия упоминает автор? Что вам ещё известно о них?
4. В каком состоянии находилась экономика СССР в начале 30-х годов?
5. Как характеризуются автором годы диктатуры Сталина?
6. Найдите строки, в которых сравнивается довоенное поколение с послевоенным. Чем они отличаются друг от друга и почему?
7. Какие характерные особенности экономики брежневского периода называет автор?
8. При каких экономических и политических условиях главой государства становится Горбачёв?
9. Что было, по мнению автора, главным в политике Горбачёва?
10. Как, по мнению автора, формировался крах советской системы и к чему он привёл?
11. Какие советские политики упоминаются в статье? Что вы ещё знаете о них?
12. Прокомментируйте карикатуру. Как писалась советская история раньше?
13. На какие периоды разделяет автор историю России, рассказывая о последних 75 годах? При возможности дополните эти периоды другими историческими сведениями, которые вы узнали в этой главе.
14. Что вам известно о „всем известных событиях явгуста 91-го"? (При ответе на этот вопрос вы можете использовать материал из главы „Мечтатели и реалисты".)
15. Как автор ответил на вопрос „Почему раньше было лучше?"?

— Убирайтесь! Не мешайте мне писать историю партии!
Крокодил, № 4, 1992 г.

13. Какое оно поколение застоя?

Мне 39 лет, юность моя прошла, и, как оказалось, проходила в „годы застоя". А мы были такие весёлые, счастливые, к трудностям и дефициту относились с пониманием — лишь бы не было войны. Нас так учили. В нашей институтской группе был один парень, который всё время говорил „гадости" про историю нашей славной страны. Мы его осуждали, спорили, что этого не может быть, называли его диссидентом, ребята даже хотели его избить. Сейчас то, что говорил тот парень, пишут во всех газетах и журналах. Ложь оказалась правдой.

Какое счастье, что нас научили надеяться, верить и терпеть. И какое несчастье, что мы можем стерпеть практически всё. Я только сейчас поняла, какую чудовищную опасность представляла наша страна, потому что она состояла из миллионов таких, как я, — слепых, фанатично преданных, обманутых людей, которых можно послать куда угодно, например, в Афганистан, и они умрут, свято веря в своё правое дело. Нас учили ненавидеть: классовых врагов-капиталистов, наших отечественных „носителей буржуазной идеологии", попов, всякого рода богатых, независимо от того, каким образом добыты их деньги, и т. д. Список большой. Ненавидеть людей с другим цветом кожи, формой глаз, людей другой национальности нас не учили, но не учили и любить их. И в этом, по-моему, объяснение многим сегодняшним нашим бедам.

З. Писарская, г. Ленинград

По журналу *Юность*, № 4, 1990 г.

7 **па́рень** *(m.)* Bursche – 8 °**га́дость** *(f.)* Gemeinheit – 9 **сла́вная страна́** ruhmreiches Land – **осужда́ть/осуди́ть** verurteilen, mißbilligen – 12 °**избива́ть/изби́ть** verprügeln – 16 **терпе́ть/стерпе́ть** ertragen – 18 °**чудо́вищный** ungeheuerlich – 21 °**пре́данный** ergeben – 22 **обма́нывать/обману́ть** betrügen – 23 °**куда́ уго́дно** überallhin – 24 °**свя́то ве́ря** hoch und heilig glaubend – 25 °**пра́вое де́ло** gerechte Sache – 26 °**оте́чественный** einheimisch – 28 °**поп** Pope, Priester der orthodoxen Kirche

Вопросы и задания

1. Какие годы в истории СССР были названы позднее „годами застоя"? Какой политический деятель стоял в то время во главе государства?
2. Как характеризует Писарская себя и своё поколение?
3. Как относились эти молодые люди к критическим словам о своей стране? Какой пример приводит автор?
4. Как Писарская оценивает такие случаи с сегодняшней позиции?
5. Почему автор письма считает своё поколение опасным?
6. Как объясняет Писарская происхождение многих проблем российского общества?
7. Почему такой процесс переосмысления прошлого стал возможен только во время перестройки?

14. Союз нерушимый

Союз нерушимый республик свободных сплотила навеки Великая Русь.
Да здравствует созданный волей народов единый, могучий Советский Союз!

Начальные строки из „Гимна Советского Союза".

1 °**неруши́мый** unzerstörbar – 2 °**сплоти́ть наве́ки** auf ewig zusammenfügen – 3 **да здра́вствует** es lebe – **во́ля** Wille – 4 **могу́чий** mächtig

Кто изображён на карикатуре?
Какая связь между его действиями и словами из гимна?

15. Узлы конфликтов

Запад

В настоящее время из шести союзных республик, которые целиком располагаются на европейской части СССР, четыре хотят выйти из СССР: Эстония, Латвия, Литва и Молдова. На Украине также призывают к выходу из Союза, а в Белоруссии требуют культурной автономии.

В чём причина конфликта? После первой мировой и гражданской войн в Прибалтике, которая входила ранее в состав Российской империи, возникли три независимых государства, причём у эстонцев и латышей впервые в их истории, часть Украины и Белоруссии отошла к Польше, Бессарабия и Северная Буковина — к Румынии. В 1939—1940 годах в результате пакта Риббентропа — Молотова эти земли были присоединены к СССР. После второй мировой войны на территории Восточной Пруссии была создана и заселена русскими Калининградская область РСФСР. На территориях, отошедших от Венгрии и Чехословакии возникла Закарпатская область Украины.

Кавказ

На Кавказе проживают 60 коренных народов. Все они густо перемешаны и нередко относятся к разным языковым группам и даже семьям. Горный ландшафт способствовал обособлению большинства народов. Кроме того, здесь сходятся две мировые религии: христианство и ислам.

В этом регионе соседствуют 4 союзные республики, 7 автономных и 4 автономные области. На Северном Кавказе политико-административные границы переделывались так часто (особенно активно в 20-е, 30-е и 50-е годы), что только половина территорий никогда не меняла своих границ.

Важную роль в сегодняшнем движении за независимость играют также и депортации кавказских народов во времена Сталина: турок-месхетинцев, курдов, карачаевцев, чеченцев, ингушей (всего 600 тысяч человек). На их место были заселены другие народы.

Средняя Азия и Казахстан

В этот регион, издавна населённый народами преимущественно иранского и тюркско-монгольского происхождения, переселились в этом столетии миллионы людей из других районов страны.

За последние годы в регионе произошли кровавые национальные конфликты. Есть несколько факторов, которые усиливают территориально-этнические конфликты в Средней Азии и Казахстане.

Во-первых, это пёстрый этнический состав населения.

Во-вторых, многие территории, которые в прошлом имели государственно-политическую и социально-экономическую целостность, в советское время были разделены между республиками (например, территория Бухарского эмирата — между Узбекистаном, Туркменией и Таджикистаном).

В-третьих, некоторые народы Средней Азии, веками живущие на одной земле, считают себя прямыми наследниками её древних жителей, преемниками их культуры и традиций. При национально-территориальном делении Средней Азии в 1924—1926 годах часть узбеков была записана „таджиками", а часть таджиков — „узбеками".

В-четвёртых, народы, депортированные в Среднюю Азию и Казахстан при Сталине — немцы, корейцы, курды, крымские татары, турки-месхетинцы требуют государственной или культурной автономии, репатриации.

По газете *Московские новости*, № 11, 1991 г.

°**узел** Knoten – 6 °**призывать/призвать** auffordern – 10 **состав** Zusammensetzung – 11 **возникать/возникнуть** entstehen – **независимый** unabhängig – 18 **присоединять/присоединить** anschließen – 20 **заселять/заселить** besiedeln – 21 **область** *(f.)* Gebiet – 25 °**коренной народ** Ureinwohner – 26 **густо** dicht – °**перемешивать/перемешать** vermischen – 28 °**способствовать** *(uv.)* begünstigen – 29 °**обособление** Isolierung – 32 °**соседствовать** *(uv.)* benachbart sein – 49 **происхождение** Abstammung, Ursprung – 62 °**целостность** *(f.)* Ganzheit – 63 **разделять/разделить** teilen – 69 °**наследник** Erbe – 70 °**преемник** Nachfolger

Вопросы и задания

1. Как изменились западные границы бывшей Российской империи после первой мировой войны?
2. Когда, где и почему произошло следующее изменение государственных границ в этом регионе?
3. Какие территории были присоединены к СССР после второй мировой войны?
4. Почему, по вашему мнению, республики Прибалтики первыми захотели выйти из состава СССР?

Настоящее можно понять из прошлого

5. Посмотрите на карту и скажите, какие союзные республики были на Кавказе?
6. Какие этнические, религиозные и языковые особенности характерны для этого региона?
7. Какие исторические события стали одной из причин формирования движения за независимость кавказских народов?
8. Какие народы являются коренным населением этих территорий?
9. Когда началось массовое переселение в этот регион из других районов страны?
10. Прокомментируйте причины острых национальных конфликтов в этом регионе, которые названы в тексте.

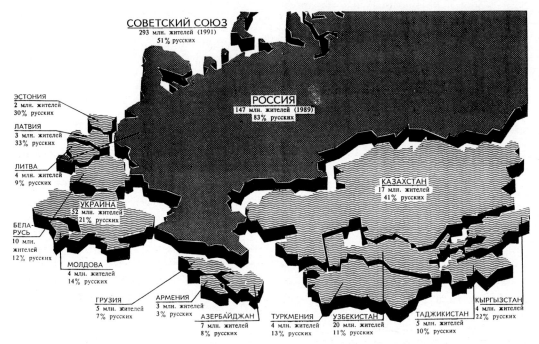

Советский Союз рушится, не выдержав дефектов сталинской конструкции. Болезненные политические процессы происходят сегодня во всех бывших советских республиках. Примером тому — последние события в Таджикистане и Молдове. Своё место в процессе роспуска Союза пытается определить Россия. Какая свобода ждёт республики и всех нас за порогом СССР?

16. Из прощальной речи Михаила Горбачёва

Дорогие соотечественники! Сограждане!

В силу сложившейся ситуации с образованием Содружества Независимых Государств, я прекращаю свою деятельность на посту Президента СССР. Принимаю это решение по принципиальным соображениям...

Я покидаю свой пост с тревогой. Но и с надеждой, с верой в вас, в вашу мудрость и силу духа. Мы — наследники великой цивилизации, и сейчас от всех и каждого зависит, чтобы она возродилась к новой современной и достойной жизни".

Михаил Горбачёв
25 декабря 1991 года

проща́льный Abschieds- – 1 °соотéчественники Landsleute – 3 **Содру́жество Незави́симых Госуда́рств (СНГ)** Gemeinschaft Unabhängiger Staaten (GUS) – 4 °прекраща́ть/прекрати́ть beenden – 6 **соображéние** Erwägung – 8 °покида́ть/покинýть verlassen – **тревóга** Sorge – 10 °мýдрость *(f.)* Weisheit – °дух Geist – 12 °возроди́ться *(vo.)* wiederaufleben – 13 **досто́йный** würdig

Вопросы и задания

1. Какие причины своего ухода с поста президента называет Горбачёв?
2. Найдите в тексте строки, которые показывают личное отношение Горбачёва к распаду СССР?
3. С какими чувствами покидает Горбачёв свой пост?
4. Найдите в речи слова, которые показывают отношение Горбачёва к истории страны.
5. Посмотрите на карикатуру на стр. 60.
   — Как изобразил художник президента страны?
   — Что критикует автор рисунка в политике Горбачёва?
   — Что стало результатом такой политики?

17. После Союза: народы на распутье

Советский Союз распался так быстро, что даже профессионалы-политики не успели осознать этого. Что представляет собой СНГ сегодня: начальную форму новой интеграции независимых государств наподобие Европейского сообщества или это последний, непрочный осколок бывшего государства? Какими принципами должны руководствоваться народы бывших республик в своих нынешних отношениях?

Ответить на эти вопросы сегодня нелегко. Но многие граждане СНГ всё яснее и яснее видят единственно возможный путь — это радикальная демократизация всех общественных организаций, разрешение национальных конфликтов, причиной которых стала несправедливая и насильственная политика советского государства, и интеграция в „Европейский дом". Пойдёт Россия по этому пути, считают они, она снова станет полноправным членом международных сообществ.

Дина Гаврилова

°**распýтье** Scheideweg – 3 °**осозновáть/осознáть** klar erkennen – **представля́ть собóй** darstellen – 5 °**наподóбие** wie, in der Art von – 7 °**непрóчный** zerbrechlich – °**оскóлок** Splitter – 22 °**полнопрáвный член** gleichberechtigtes Mitglied – 23 °**соóбщество** Gemeinschaft

Вопросы и задания

1. Какой выход из тяжёлого положения видят многие граждане СНГ?
2. В каком государстве они хотели бы жить?
3. Что, по-вашему, ещё необходимо сделать для этого?

4 О Русь! — О деревня!

 1. Цветок на земле

Андрей Платонов (1899—1951), сын рабочего, в своей юности верил в коммунизм. Когда началась коллективизация крестьян, он критически относился к политике коммунистической партии. Поэтому его большие романы и повести долгое время не были опубликованы в СССР. Только после 1985 года, в связи с гласностью, советский читатель смог познакомиться с главными произведениями Платонова.

Скучно Афоне жить на свете. Отец его на войне, мать с утра до вечера работает в колхозе, а дедушка Тит спит на печке. Он и днём спит, и ночью спит, а утром, когда просыпается и ест кашу с молоком, он тоже дремлет.

— Дедушка, ты не спи, ты уж выспался, — сказал сегодня утром Афоня дедушке.

— Не буду, Афонюшка, я не буду, — ответил дед. — Я лежать буду и на тебя глядеть.

— А зачем ты глаза закрываешь и со мной ничего не говоришь? — спросил тогда Афоня.

— Сегодня я не буду глаза закрывать, — обещал дедушка Тит. — Сегодня я на свет буду смотреть.

— А отчего ты спишь, а я нет?

— Мне годов много, Афонюшка… Мне без трёх девяносто будет, глаза уж сами закрываются.

— А тебе ведь ночью спать, — говорил Афоня. — На дворе солнце горит, там трава растёт, а ты спишь, ничего не видишь.

— Да я уже всё видел, Афонюшка.

Афоня осмотрел деда, какой он есть. В бороде деда были хлебные крошки. Афоня встал на лавку и выбрал все крошки из бороды у деда. Руки дедушки лежали на столе; они были большие, кожа на них стала как кора на дереве, и под кожей видны были толстые, чёрные жилы, эти руки много земли испахали.

Афоня поглядел в глаза деду. Глаза его были открыты, но смотрели равнодушно, не видя ничего.

— Не спи, дедушка! — попросил Афоня.

Но дедушка уже спал. Мать подсадила его на печку, укрыла одеялом и ушла работать. Афоня же остался один в избе, и опять ему стало скучно. Афоня подходил к печке, слушал, как дышит там спящий дед, смотрел через окно на пустую улицу и снова ходил вокруг стола, не зная, что делать.

— Проснись, дедушка, — просил Афоня. — Ты спишь?

— А? Нету, я не сплю, — ответил дедушка Тит с печки.

— Ты думаешь? — спрашивал Афоня.

— А? Нету, я всё обдумал, Афонюшка, я смолоду думал.

— Дедушка Тит, а ты всё знаешь?

— Всё, Афоня, я всё знаю.

— А что это всё?

— А я уже позабыл, Афоня.

— Проснись, дедушка, скажи мне про всё! А то ты спишь и спишь, а потом умрёшь, мама говорит — тебе недолго осталось; кто мне тогда скажет про всё?

— Подожди, дай мне квасу испить, — произнёс дед и слез с печи. Старый дед испил квасу, взял Афоню за руку, и они пошли из избы наружу.

Там солнце высоко стояло на небе и освещало зреющий хлеб на полях и цветы на дорожной меже.

Дед повёл Афоню полевой дорогой, и они вышли на пастбище, где рос сладкий клевер для коров, травы и цветы. Дед остановился у голубого цветка, терпеливо росшего из мелкого чистого песка, показал на него Афоне, потом согнулся и осторожно потрогал тот цветок.

— Это я сам знаю! — сказал Афоня.
— А мне нужно, что самое главное бывает, ты скажи мне про всё! А этот цветок растёт, он не всё!

Дедушка Тит задумался и рассердился на внука:

— Тут самое главное тебе и есть! ... Ты видишь — песок мёртвый лежит и более нет ничего, а камень не живёт и не дышит, он мёртвый прах. А цветок, ты видишь, жалконький такой, а он живой, и тело себе он сделал из мёртвого праха. Он мёртвую землю обращает в живое тело, и пахнет от него чистым духом. Вот тебе и есть самое главное дело на белом свете, вот тебе и есть, откуда всё берётся. Цветок этот — самый святой труженик, он из смерти делает жизнь.

— А трава и рожь тоже главное делают? — спросил Афоня.

— Одинаково, — сказал дедушка Тит.

— А мы с тобой?

— И мы с тобой. Мы пахари, Афонюшка, мы хлебу расти помогаем. А этот вот жёлтый цветок на лекарство идёт, его и в аптеке берут. Ты бы нарвал их да снёс. Отец твой ведь на войне; вдруг ранят его, или он от болезни ослабнет, вот и его полечат лекарством.

Афоня задумался среди трав и цветов. Он сам, как цветок, тоже захотел теперь делать из смерти жизнь; он думал о том, как рождаются из скучного песка голубые, красные, жёлтые счастливые цветы.

— Теперь я сам знаю про всё! — сказал Афоня. — Иди домой, дедушка. Ты спи, а когда умрёшь, ты не бойся, я узнаю у цветов, как они из праха живут, и ты опять будешь жить из своего праха.

Дед Тит ничего не сказал и пошёл опять в избу, на печку.

А маленький Афоня остался один в поле. Он собрал жёлтых цветов и отнёс в аптеку, на лекарства, чтобы отец его не болел на войне от ран. В аптеке Афоне дали за цветы железный гребешок. Он принёс его деду и подарил ему: пусть теперь дедушка чешет себе бороду тем гребешком.

— Спасибо тебе, Афонюшка, — сказал дед, погладил головку внука и посмотрел на него, как на цветок, растущий на земле. А потом дедушка спрятал гребешок и опять заснул.

По рассказу Андрея Платонова „Цветок на земле": *Избранные произведения*, т. II. Москва: Художественная литература, 1978 г.

8 **пе́чка** (*Dim. von* печь) Ofen – 11 °**дрема́ть** *(uv.)* dösen – 28 **трава́** Gras – 32 **борода́** Bart – °**кро́шка** Krümel – 33 °**ла́вка** Bank – 36 °**кора́** Rinde – 37 °**жи́ла** Ader – 38 °**паха́ть/испаха́ть** pflügen – 40 **равноду́шный** gleichgültig – 45 **изба́** Bauernhaus – 57 °**смо́лоду** von klein auf – 66 °**квас** Kwas (gegorenes Getränk) – 67 **произноси́ть (произношу́, произно́сишь)/произнести́** aussprechen, sagen – 69 **нару́жу** *(umg.)* nach draußen – 70 **освеща́ть/освети́ть** beleuchten – 71 °**зреть** *(uv.)* reifen – 72 °**межа́** Rain – 74 °**па́стбище** Weide – 75 °**кле́вер** Klee – **коро́ва** Kuh – 76 **терпели́вый** geduldig – 77 **ме́лкий** fein; unbedeutend – **песо́к** Sand – 78 °**сгиба́ться/согну́ться** sich bücken – 89 °**прах** Totenasche; *hier:* Staub – 90 °**жалко́нький** (*Dim. von* жа́лкий) kläglich, bemitleidenswert – 93 **дух** Geist; Geruch – 94 **на бе́лом све́те** in der weiten Welt – 96 **свято́й** heilig – °**тру́женик** fleißiger Arbeiter – 98 °**рожь** *(f.)* Roggen – 102 °**па́харь** *(m.)* Pflüger – 105 **рвать/нарва́ть** pflücken – 106 **ра́нить** *(uv., vo.)* verwunden – 107 °**осла́бнуть** *(vo.)* schwach werden – 124 **ра́на** Wunde – 125 °**гребешо́к** Kamm – 127 °**чеса́ть** *(uv.)* kämmen – 130 °**гла́дить/погла́дить** streicheln; bügeln – 132 **пря́тать (пря́чу, пря́чешь)/спря́тать** verstecken

Aufgaben zur Sprache

1. Stellen Sie aus dem Text die Wortfamilien zusammen zu den Begriffen жизнь, сон, болезнь, смерть. Ordnen Sie sie in einer Tabelle nach Verben, Substantiven und Adjektiven.

О Русь! – О деревня!

2. Ordnen Sie den im Text vorkommenden Substantiven aus dem Bereich der Natur Verben und Adjektive in der Grundform zu. Legen Sie eine Tabelle an:

Adjektive	Substantive	Verben
…	солнце …	гореть …

3. Übertragen Sie folgende Teile des Textes in die indirekte Rede:
   a) Zeile 12–30
   b) Zeile 51–61
4. a) Bestimmen Sie die kursivgedruckten Formen.
   b) Ersetzen Sie die kursivgedruckte Form jeweils im Satzzusammenhang durch eine synonyme Konstruktion.
      1. Z. 41   не *видя* ничего
      2. Z. 47   *спящий* дед
      3. Z. 49   не *зная*, что делать
      4. Z. 71   *зреющий* хлеб
      5. Z. 76   у цветка, терпеливо *росшего*
      6. Z. 131 цветок, *растущий*
5. Übersetzen Sie Z. 73 – Z. 97.

Вопросы и задания

1. Кто такой Афоня? Где он живёт?
2. Назовите причины Афониной скуки.
3. Опишите дедушку Афони и его жизнь.
4. Афоня спрашивает о главном. А что его на самом деле интересует?
5. Почему дедушка однажды рассердился на внука?
6. Как дедушка объясняет Афоне течение жизни?
7. Представьте себе, что Афоня пишет письмо своему отцу о том, что ему дал этот день. Напишите письмо от лица Афони.
8. Что Андрей Платонов хотел нам показать этим рассказом?

2. Посещение арендатора

Одним из первых шагов политики перестройки было введение арендной системы в сельском хозяйстве. Летом 1988 г. журналист Анатолий Ананьев посетил одну деревню, чтобы узнать конкретные действия этой экономической реформы.

Первое и, может быть, самое тяжёлое впечатление, которое осталось у меня от поездки в деревню, — это прежде всего её общий вид. Внешне она, мне кажется, немного отличается от тех деревень, какими были они после войны. В этот день прошла буря, и деревня была без света; без света были и ферма, и мастерские, не было воды, остановилась вся жизнь. Тропинки вдоль домов — в грязи после дождя, и из новых времён — узкая асфальтированная дорога; знакомый нам всем сельмаг.

Глава семьи арендаторов, с которым мы встретились, вместо крупных, важных (о деле аренды) вопросов, каких я ждал от него, говорил прежде всего о мопеде, который в колхозе не могут или не хотят купить для него. А этот мопед ему нужен, я понимаю, для экономии времени. Мелочь? Да, мелочь, а человек нервничает, ходит с просьбами, пока он этот мопед не получит. Когда ему думать о государственных проблемах?

Что это за люди, взявшие землю в аренду, и как они с этим справляются? Когда мы подходили к дому того арендатора, в небольшом и не очень чистом дворике бросился нам в глаза такой беспорядок, будто здесь жили не крестьяне, а какие-то случайно проходящие люди, которые сегодня здесь, а завтра там, и у которых ни к чему нет интереса. Понятно, такое отношение к жизни — это далеко не крестьянское; это уже что-то новое, внесённое советским бытом. В глубине двора работал человек в старой одежде. Это и был глава семьи.

Мы поздоровались. Хозяин любезно пригласил нас пройти в дом, и то, что мы увидели в квартире, тоже было некрасивым и грустным. Небольшая комната состояла из двух узких половин, в одной из которых — кровать и шкафчик; в другой, большей — какая-то мебель. Квартира имела вид ещё не городской, но уже и не деревенский; а что-то между этими двумя порядками жизни, и мне так и хотелось задать вопрос: да есть ли в таком доме хоть небольшая часть души? В каждом доме, прежде всего в крестьянском, должна быть душа. Душа зависит от образа жизни, образа работы, от того, как хозяин смотрит на будущее. Нет, я не почувствовал ни теплоты, ни уюта в этой квартире: всё равнодушно, холодно. И без души.

Я подумал, что, может быть, на поле, где работают, будет другой порядок. Да нет. Земля, которую дали арендаторам оказалась разбитой на три поля: 20, 7 и 8 га, из-за чего арендаторы теряют много времени и сил на переход с одного поля на другое. Поэтому им и нужен мопед. А трактора у них все старые, часто ломаются и нет возможности ездить на них. А если и на ходу, то из-за больших переездов нужно много бензина.

Какая уж тут производительность и что можно ждать от подобного арендного порядка?

По *Литературной газете*, 21. 09. 1988 г.

°**аренда́тор** Pächter – 6 **пре́жде всего́** vor allem – 7 **вне́шне** äußerlich – 8 **отлича́ться/отличи́ться** sich unterscheiden – 10 **бу́ря** Sturm – 11 **фе́рма** Farm, landwirtsch. Betrieb – **мастерска́я** Werkstatt – 12 **тропи́нка** (*Dim. von* тропа́) kleiner Pfad – 13 **вдоль** entlang – 15 °**сельма́г** Dorfladen – 18 °**аре́нда** Pacht – 22 **эконо́мия** Sparsamkeit, Wirtschaftlichkeit – 28 **справля́ться/спра́виться с чем-то** (**спра́влюсь, спра́вишься**) zurechtkommen mit – 38 **быт** Lebensweise – **глубина́** Tiefe – 57 **теплота́** Wärme – **ую́т** Gemütlichkeit – 58 **равноду́шный** gleichgültig – 64 °**га** (*Abk. für* гекта́р) Hektar – 67 **лома́ться/слома́ться** zerbrechen, kaputtgehen – 71 °**производи́тельность** (*f.*) Produktivität

Aufgaben zur Sprache

1. Nennen Sie alle Substantive, die zum Wortfeld деревня gehören.
   Ordnen Sie nach:
   a) Orte, Gebäude   b) Einrichtung, Geräte   c) Menschen
2. Finden Sie alle von Substantiven abgeleiteten Adjektive und nennen Sie das jeweilige Substantiv.
3. Wortfamilien ехать und идти: Stellen Sie aus dem Text alle unpräfigierten und präfigierten Verben und Substantive aus diesen Wortfamilien zusammen.
4. a) Bestimmen Sie die kursivgedruckte Wortform.
   b) Ersetzen Sie die kursivgedruckte Wortform durch eine synonyme syntaktische Konstruktion.
      1. Z. 14 *асфальтированная* дорога,   2. Z. 27 люди, *взявшие* землю в аренду,
      3. Z. 37 что-то новое, *внесённое* советским бытом.
5. Übersetzen Sie Z. 4–15.

О Русь! – О деревня!

Вопросы и задания

1. Найдите заголовок к каждому абзацу текста.
2. Опишите вид этой деревни.
3. Почему разговор с арендатором начинается с мопеда?
4. Что думает автор, когда он подходит к дому арендатора?
5. Дом арендатора „без души", там есть „что-то новое, внесённое советским бытом". Что вы понимаете под этим?
6. Что мешает арендаторам эффективно работать на своих полях?
7. В чём автор видит главные причины того, что новый порядок не имеет позитивного эффекта?
8. Представьте себе, что введение арендного порядка было бы большим успехом — всё стало бы лучше. Перескажите теперь первый и третий абзацы.
9. а) Опишите сцену на карикатуре. Употребите при этом выражение „деревянная лошадь на палочке".
   б) Какая связь есть между карикатурой и текстом?

3. Мужики

Писатель Антон Павлович Чехов (1860—1904) работал несколько лет в деревне врачом. Там он познакомился с жизнью крестьян. В рассказе „Мужики" (1897) он описывает их жизнь.
Официант Николай Чикильдеев, который работал в московском ресторане, заболел и больше не мог работать. Поэтому он решил вернуться вместе с женой и дочкой в свою родную деревню.

Приехал он в своё село Жуково к вечеру. В воспоминаниях детства родной дом казался ему светлым, уютным, удобным; теперь же, когда он вошёл в избу, он даже испугался: так было темно, тесно и нечисто. Жена Ольга и дочь Саша удивлённо смотрели на большую грязную печь, которая занимала чуть ли не половину избы и была тёмной от копоти и мух. Сколько мух! Печь и стены сделались кривыми, и

О Русь! — О деревня!

казалось, что изба сейчас упадёт. В переднем углу, возле икон, были наклеены газеты — это вместо картин. Бедность, бедность! Из взрослых никого не было дома, все работали на поле. На печи сидела девочка лет восьми, белоголовая, немытая, равнодушная; она даже не посмотрела на вошедших. Внизу лежала белая кошка.

— Кис, кис! — поманила её Саша. — Кис!
— Она не слышит, — сказала девочка. — Оглохла.
— Отчего?
— Так. Побили.

Николай и Ольга с первого взгляда поняли, какая тут жизнь, но ничего не сказали друг другу; молча вышли на улицу. Их изба была третья с краю и казалась самой бедной, самой старой на вид; вторая не лучше, зато у крайней — железная крыша и занавески на окнах. Эта изба стояла отдельно, и в ней был трактир. Избы шли в один ряд, и вся деревушка, тихая и задумчивая, с глядевшими из дворов деревьями, имела приятный вид. За крестьянскими избами была видна река. Река была в километре от деревни, с чудесными, красивыми берегами, за ней опять широкое поле, потом, вверху, на горе было видно другое село с церковью и подальше господский дом.

— Хорошо у вас здесь! — сказала Ольга.

Как раз в это время прозвучали колокола. Две маленькие девочки, которые внизу несли воду, посмотрели на церковь, чтобы послушать звон.

Между тем вернулись старики, отец и мать Николая, худые, беззубые, оба одного роста. Пришли и бабы — невестки, Марья и Фёкла, работавшие за рекой у помещика. У Марьи, жены брата Кирьяка, было шестеро детей, у Фёклы, жены брата Дениса, который ушёл в солдаты, — двое; и когда Николай, войдя в избу, увидел всю семью, и когда увидел, с какой жадностью старик и бабы ели чёрный хлеб, макая его в воду, то подумал, что напрасно сюда приехал, больной, без денег да еще с семьёй, — напрасно!

— А где брат Кирьяк? — спросил он, когда поздоровались.
— У купца сторожем работает, — ответил отец, — в лесу. Мужик неплохой, но пьёт много.
— Не зарабатывает! — сказала старуха слезливо. — Мужики наши горькие, не в дом несут, а из дому. И Кирьяк пьёт, и старик тоже знает дорогу в трактир.

По случаю гостей поставили самовар. От чая пахло рыбой, сахар был серый, по хлебу и посуде бегали тараканы; было противно пить, и разговор был противный — всё о бедности и о болезнях. Но не успели выпить чашку, как со двора услыхали громкий, пьяный крик:
— Ма-рья!
— Кажется, Кирьяк идёт, — сказал старик.

Все замолчали. И немного позже опять тот же крик, грубый и длинный, как из-под земли:
— Ма-арья!

Марья, старшая невестка, побледнела, стала около печи, и как-то странно было видеть выражение испуга на лице у этой сильной, некрасивой женщины с широкими плечами. Её дочь, та самая девочка, которая сидела на печи и казалась равнодушной, вдруг громко заплакала.

---

9 **уютный** gemütlich – 13 **печь** *(f.)* Ofen – 15 °**копоть** *(f.)* Ruß – °**муха** Fliege – 18 °**наклеить** *(vo.)* bekleben – 24 **вошедший** Eingetretener – 25 °**кис!** Lockruf für Katzen – °**поманить** *(vo.)* locken – 27 °**оглохнуть** *(vo.)* taub werden – 34 **на вид** vom Aussehen her – 36 °**занавеска** *(umg.)* Vorhang – 37 °**трактир** Wirtshaus – 38 **задумчивый** nachdenklich – 40 **крестьянский** Bauern- – 46 °**господский** Herren- – 48 **звучать/прозвучать** klingen, erklingen – 53 **худой** mager – 54 **баба** *(umg.)* Weib, Frau – **невестка** Schwiegertochter – 56 °**помещик** Gutsbesitzer – 61 **жадность** *(f.)* Gier – 62 **макать** *(uv.)* eintunken – 67 **купец** *(Gen.* **купца***)* Kaufmann – °**сторож** Wächter – 71 °**слезливо** weinerlich – **горький** bitter – 76 °**таракан** Schabe – 77 **противный** widerlich – 88 **бледнеть/побледнеть** bleich/blaß werden

— А ты чего, холера? — крикнула на неё Фёкла, красивая баба, тоже сильная и широкая в плечах. — Ведь тебя не убьёт!

От старика Николай узнал, что Марья боялась жить в лесу с Кирьяком и что он, когда бывал пьян, приходил всякий раз за ней и при этом шумел и бил её ужасно.

— Ма-арья! — послышался крик у самой двери.
— Помогите, Христа ради, родные, — залепетала Марья, дыша так, будто её опускали в очень холодную воду, — помогите, родные ...

По рассказу А. П. Чехова „Мужики"

95 °холе́ра Cholera; *hier:* Schimpfwort – 105 °Христа́ ра́ди um Christi willen – 106 °лепета́ть/ залепета́ть zu stammeln beginnen – 107 опуска́ть/опусти́ть (опущу́, опу́стишь) herunterlassen, versenken

В таких избах жили крестьяне, иногда по нескольку семей.
Назовите приблизительно высоту и длину такого дома.

Aufgaben zur Sprache

1. Stellen Sie aus dem Text die Wortfelder дом und крестьяне zusammen. Trennen Sie jeweils nach Adjektiven und Substantiven.
2. Ersetzen Sie die Adjektive durch Umschreibungen mit Hilfe der zugrundeliegenden Substantive.
   a) Z. 21 белоголовая девочка
   b) Z. 35 железная крыша
   c) Z. 40 за крестьянскими избами
   d) Z. 46 господский дом
   e) Z. 52 беззубые старики
3. Erläutern Sie aus dem Zusammenhang die Sätze:
   a) Z. 62 (Николай) подумал, что напрасно сюда приехал, больной, без денег да ещё с семьёй.
   b) Z. 71 Мужики ... не в дом несут, а из дому.
   c) Z. 73 Старик тоже знает дорогу в трактир.
4. Fügen Sie in die Sätze jeweils ein passendes Verb ein.
   a) Z. 15 Сколько мух!
   b) Z. 84 И немного позже опять тот же крик, ...
   c) Z. 95 „А ты чего, холера?"

О Русь! – О деревня!

5. Ersetzen Sie die kursivgedruckte Konstruktion durch eine synonyme syntaktische Konstruktion.
   a) Z. 74: *По случаю гостей* поставили самовар.
   b) Z. 78: Но *не успели выпить* чашку

Вопросы и задания

1. Разделите текст на 4—6 частей. Придумайте к ним заголовки.
2. Бедность, бедность!
   а) Где она видна?
   б) В чём видно, что бедность здесь не только материальная, но и духовная?
3. Сколько человек в семье родителей Николая? Где они работают?
4. а) Сравните женщин с мужчинами.
   б) Почему у нас такое впечатление, что от этих женщин можно больше ожидать, чем от мужчин?
5. Сцене с двумя девочками можно дать символическое значение. Какое?
6. Представьте себе, что в такую деревню пришёл бы революционный агитатор. Что он мог бы пообещать крестьянам?

Из истории русского крестьянства

18ый век

Граф Шереметьев, самый богатый помещик, имеет 6 500 км² земли и 200 000 взрослых крепостных.

Цены в Москве в 1791/2 г.:
16летний парень	200—300 р.
взрослый мужчина	500—600 р.
девушка или женщина	30—40 р.
отличная охотничья собака	2 000—3 000 р.

19ый век

Освобождение крестьян от крепостничества. Большинство крестьян остаётся бедными, у них мало или вообще нет земли, нет возможности уйти от своих прежних помещиков.

20ый век

1917 г.
Большевики объявляют „Декрет о земле": вся земля принадлежит народу.
1918—1920 гг.
Крестьянские восстания, так как большевики заставляют крестьян отдавать большую часть урожая.
1921 г.
Новая экономическая политка (нэп): крестьяне получают больше прав, могут самостоятельно работать.
1927—1933 гг.
Коллективизация: все крестьяне должны вступать в колхозы (коллективные хозяйства), многих зажиточных крестьян („кулаков") и средних крестьян высылают из деревень, убивают, миллионы умирают от голода. (К этой теме см. тексты на стр. 46—49)
1927 г.
Решение партии о коллективизации
1929 г.
Начало кампании массового вступления в колхозы
1930 г.
Крестьяне убивают 14 млн. коров из протеста против коллективизации.
1933 г.
Сельское хозяйство производит 81% продукции 1927 г.
1934 г.
70% крестьян в колхозах
1937 г.
93% крестьян в колхозах
1956—1985 гг.
Разные кампании с целью повысить эффективность сельского хозяйства: кукурузная кампания, реорганизация МТС (машинно-тракторные станции), деление партийных организаций на городские и сельские, химизация, освоение целины, специализация и концентрация производства на базе агропромышленных комплексов.
1980 г.
Около 90% всех сельских хозяйств нерентабельны.
1988 г.
Введение частных крестьянских хозяйств.

4. Две народные песни

Русские народные песни могут быть весёлыми и быстрыми или же очень печальными и задушевными. Жанна Бичевская — популярная исполнительница народных песен.

О чём задумался, служивый?

О чём задумался, служивый?
5 О чём тоскуешь, удалой,
Иль служба—матка надоела,
Иль захворал твой конь гнедой?

Мой конь болезни не боится,
Здоров и весел смотрит он,
10 Ему на месте не стоится,
Копытом грозно землю бьёт…

Скажи, товарищ, нас здесь двое,
Иль ты красотку полюбил?
— Ах! Нет, нет, не любил я той красотки,
15 И не по ней страдаю я …

Люблю я сторону родную,
Туда б летел я соколом —
В деревне, там стоит избушка,
Избушка старая стоит.

20 Ах! В той избушке мать—старушка
Печали горькой предана.
Она всё плачется о сыне
А сын далече от неё.

Долюшка

Ой, ты, поле, ты, полюшко,   25
Степь широкая
Ой, да, ой, да, поле русское.

Отдавали девицу
За немилого
Ой, да, ой, за нелюбого.   30

Отдавали молодца
Во солдатушки
Ой, да, во солдатушки.

Ой, ты, доля, ты горькая,
Доля бурлацкая   35
Ой, да, ой, да, нету волюшки.

---

1 **печа́ль** (*f.*), **печа́льный** Trauer, traurig – 2 °**задуше́вный** herzlich; innig – °**исполни́тельница** *hier:* Sängerin – 3 **заду́мываться/заду́маться** nachdenken – °**служи́вый** (*veraltet*) Soldat – 5 °**тоскова́ть** (*uv.*) sich sehnen – °**удало́й** verwegen – 6 °**ма́тка** (*umg.*) Mutter – 7 °**захвора́ть** (*vo.; umg.*) erkranken – **конь** (*m.*) Roß, Pferd – °**гнедо́й** braun – 11 °**копы́то** Huf – °**гро́зный** drohend – 13 °**красо́тка** (*Dim. v.* краса́вица) Schöne – 16 °**сторона́** *hier:* Land – 17 °**со́кол** Falke – 21 °**го́рький** bitter – °**предава́ть/ преда́ть** ausliefern – 23 °**дале́че** (*veraltet*) fern – 24 °**до́люшка** (*Dim. v.* до́ля; *veraltet*) Schicksal – 28 °**деви́ца** (*veraltet*) Mädchen – 29 °**неми́лый** verhaßter – 30 °**нелю́бый** ungeliebter – 35 °**бурла́цкий** Treidler- – 36 °**во́люшка** (*Dim. v.* воля) Freiheit

Вопросы и задания

1. Передайте содержание каждой строфы обеих песен.
2. Сравните содержание первой строфы и последней строки во второй песне.
3. Как музыка отражает содержание песен?

О Русь! — О деревня!

5. Катино поле

В советских газетах и журналах часто писали об образцовых рабочих и колхозниках и об их труде. В большинстве случаев этих людей не было в действительности. Их выдумала коммунистическая пропаганда. Вот один такой пример.

С выпускного школьного бала Катя Бабурченкова пришла уже утром, когда родители встали. Пришла и сказала:
— Папа, я решила стать мелиоратором.
Отец коротко спросил:
— Твёрдо решила-то?
— Твёрдо, папа.
— Ну смотри, только чтобы потом не жаловалась.

Для Катиного отца её решение не было неожиданностью. С тех пор, как на болотах колхоза имени Свердлова появились мелиораторы, Катя живо заинтересовалась их работой. Эти люди делали землю как новой. На месте болота стала пашня. Это было похоже на чудо.

У молодых есть хорошая черта — хочется делать самое главное. Для сегодняшнего поколения российской колхозной молодёжи таким главным стало участие в выработанной партией грандиозной программе развития Нечернозёмной зоны России. Переделать родную землю — что может быть прекраснее! Одни занимаются строительством новых колхозов, клубов, детских садов, другие — механизацией ферм, а таких, как Катя Бабурченкова, больше всего заботит сама земля-кормилица. Сделать её богаче, хлебороднее, красивее, и всё это в гигантских, невиданных масштабах — вот какая задача решается сейчас в большой России.

Когда Катя окончила техникум, она получила место нивелировщика и бригадира трубоукладочного агрегата. Как-то она заметила, что молодой тракторист-

Что означают слова об Октябре на марке? Какие качества характера у молодёжи хотелось бы воспитать правительству такими лозунгами?

мелиоратор сделал ошибку — решительно заставила его переделать работу.

Конечно, в начале Катиной работы её нередко посещали начальники. Не то чтобы не доверяли, но хотели увидеть, как она работает. Но после случая с молодым трактористом поняли — девушка работает надёжно.

Надо сказать, что у Кати Бабурченковой были и личные причины, по которым она особенно старалась на своём первом поле. На нём должен в будущем работать её отец. Знала Катя: отец будет судить строже, чем любая комиссия, потому что не только молодого специалиста он будет проверять, а родную дочь, и весь колхоз ждал от её работы хорошего результата.

В мае месяце приехала в колхоз комиссия, чтобы принять переделанное Катей поле. Члены комиссии почти целых два часа ходили по первому Катиному полю и дали оценку „хорошо".

7 °**мелиора́тор** Entwässerungstechniker – 14 **боло́то** Sumpf – 18 °**па́шня** Ackerboden – 19 **чу́до** Wunder – 20 **черта́** Linie; Charakterzug – 22 **поколе́ние** Generation – 25 °**Нечернозёмная зо́на** Gebiete außerhalb der Schwarzerdezone – 26 **переде́лывать/переде́лать** umändern, umgestalten – 32 °**корми́лица** Amme, Ernährerin – 33 °**хлеборо́дный** kornreich; fruchtbar – 38 °**нивелиро́вщик** Nivellierungsspezialist – °**бригади́р** Brigadeleiter – 39 °**трубоукла́дочный агрега́т** Rohrverlegungsaggregat – 45 **доверя́ть/дове́рить** vertrauen – 48 **надёжный** zuverlässig

А на другой день, поздно вечером, вернулся с работы отец. Катя знала, что он работал на её поле и очень волновалась. Быстро приготовила отцу ужин и села за стол напротив. Отец ел медленно, смотря на дочку. А поужинав, сказал:
— Ну, доченька, спасибо за поле! Доброе твоё поле, Катюша.

По газете *Голос родины*, № 40, 1979 г.

Aufgaben zur Sprache

1. Ersetzen Sie die kursivgedruckten Formen durch ein Synonym bzw. eine synonyme Konstruktion.
   a) Z. 9 *Твёрдо* решила-то?
   b) Z. 13 Для *Катиного отца* её решение не было *неожиданностью*.
   c) Z. 16 Катя живо *интересовалась* их работой.
   d) Z. 19 Это было *похоже на* чудо.
   e) Z. 20 Хочется делать самое *главное*.
   f) Z. 30 ... таких, как Катя Бабурченкова, больше всего *заботит* сама земля-кормилица.
2. Finden Sie im Text Mittel der Propagandasprache und ordnen Sie nach:
   a) Komparativ- und Superlativformen, b) pathetischen Attributen, c) bildhaften Ausdrücken.
3. Übersetzen Sie Z. 20–36.

Вопросы и задания

1. а) Почему Катя стала мелиоратором?
   б) Опишите её профессиональный путь.
2. Какие задачи, по словам этого текста, видела перед собой советская молодёжь?
3. Какую роль играет случай с трактористом?
4. Охарактеризуйте отца Кати.
5. Катя — типичный продукт советской пропаганды. Пропагандисты хотели показать, каким должен быть советский человек. Какой это человек?

6. Уборка картофеля

В рамках коммунистической идеологии поэт и писатель Евгений Евтушенко (* 1933) критиковал слабости и ошибки советского общества.

Сын города, Сергей Кривцов не знал деревни. Его единственной деревней была дача. Когда его десятый класс послали в деревню „на картошку", для Серёжи это стало открытием совершенно незнакомого для него мира, где не было холодильников, ванн, газовых плит, тостеров, колбасы и апельсинов. Первый раз Серёжа узнал, что есть и такая Россия.

Игорь Селезнёв, его одноклассник, впрочем, убирал картошку в резиновых кухонных перчатках, выданных ему матерью. Деревенских он с лёгким презрением называл „плебсом" и в их присутствии разговаривал с друзьями по-английски. Однако на деревенские встречи „англичане", как их назвали деревенские, всё-таки ходили, и даже Игорь Селезнёв. Он привёз с собой японский транзисторный „маг" и снисходительно учил местных девчонок твисту и шейку. Но иногда девчонки всё-таки пели свои родные частушки под гармошку, импровизируя и поддразнивая городских. Особенно это получалось у черноглазой Тони. Она „швырнула" однажды частушечку:

    Англичане с Ленинграда
    к нам приехали в колхоз
    и понюхали впервые
    деревенский наш навоз.

— Вот это стихи! — засмеялся Кривцов.
— Молодец, Тоня! В самую точку попала. Выполнила социальный заказ.
— You're breaking our clan's rules, Krivtsov, — твёрдо сказал Селезнёв.
— Я не из вашего круга, а из этого — понял, аристократ в кухонных перчатках?
— You've insulted me! I'll remember you for that! — предупредил Селезнёв.
— Ты вот хочешь дипломатом стать, Селезнёв, — усмехнулся Кривцов. — Как же ты можешь представлять народ, который презираешь?
— I don't believe in the grey masses. I believe only in strong individuals, — ответил Селезнёв.
— Теория сильной личности, вставшей над массой? Она не нова, Селезнёв. Ты болен суперменизмом, Селезнёв. Это теперь модная болезнь, которую выдают за духовное железное здоровье. Советую лечиться.

Увидев двух городских, готовых броситься друг на друга, Тоня встала между ними:
— Только не ссориться! Вот когда всю картошку уберём, тогда пожалуйста. — И, обращаясь к Селезнёву, виновато улыбнулась:
— Не обижайтесь на меня за мою частушку. Это я по-доброму.

Чей бюст изображён на марке и почему? Что хотят показать агитаторы орденами?

— Ну что вы, — ответил Селезнёв как бы скучающе. — У вас красивый голос и прекрасные импровизационные данные ... Я давно обратил на вас внимание. В вас есть что-то от ренуаровской женщины ...
— От какой? — смущённо спросила Тоня.
— Иван Ренуаров — это советский современный художник, получал многие премии и, кажется, даже академик. Особенно ему удаются портреты передовых колхозниц, — объяснил Селезнёв.

Простые члены „клана" тихо смеялись. Тоня не понимала, но чувствовала, что смеются над ней и очень покраснела.
— She's not bad-looking, especially when she blushes. She reeks slightly of onion but with those natural pink cheeks of hers she probably makes a tasty borsch. Actually, I wouldn't at all mind tasting that borsch, — сказал Селезнёв.
— Вы что-то плохое говорите обо мне? — растерянно спросила Тоня.
— Наоборот, — спокойно ответил Селезнёв. — Я говорю моему другу Серёже, как вы мне нравитесь.
— Не верьте ему, Тоня, — вырвалось у Серёжи. — Он говорит пошлости.

уборка Ernte – 9 **плита́** Herd – 13 **рези́новый** Gummi- – 14 °**перча́тка** Handschuh – 15 **презре́ние** Verachtung – 18 **одна́ко** jedoch – 22 °**маг** *(Jugendjargon)* Kassettenrecorder – °**снисходи́тельно** herablassend – 23 **девчо́нка** *(Dim. v.* де́вочка*)* Mädel – 24 °**часту́шка** Scherzlied – 25 °**гармо́шка** Ziehharmonika – °**поддра́знивать** *(uv.)* necken – 27 **швыря́ть/швырну́ть** hinschleudern – 31 **ню́хать/поню́хать** riechen – 32 °**наво́з** Stallmist – 41 **предупрежда́ть/предупреди́ть (предупрежу́, предупреди́шь)** warnen – 49 **встава́ть/встать** aufstehen; *hier:* sich erheben – 53 **духо́вный** geistig – 58 **ссо́риться/поссо́риться** sich zanken – 65 **скуча́ть** *(uv.)* sich langweilen – 66 °**да́нные** *(nur Pl.)* Daten, Tatbestand; *hier:* Talente – 68 °**ренуа́ровский** Adj. zu Renoir – 69 **смущённый** verwirrt, verlegen – 73 **передово́й** fortschrittlich – **колхо́зница** Kolchosbäuerin – 85 **растерянный** verwirrt – 89 °**выры-ва́ться/вы́рваться** entfahren – 90 °**по́шлость** *(f.)* Gemeinheit

О Русь! – О деревня!

— I don't think we should ruin our friendship over this little girl; she's just a short episode in my life, and I'll never see her again. But you and I are from the same „clan" and we could be of use to each other later or in the future which belongs to us. I don't advise you to quarrel with me!

Однажды Селезнёв вернулся в избу, где они разместились, под утро и, ложась рядом с Серёжей на пол, с обычной деланной скукой в голосе сказал:
— It was hard work — she was a virgin.

Серёжа схватил Селезнёва, приподняв его с пола, и крепко ударил, ответив ему тоже по-английски:
— You bastard!

На Серёжу бросились со всех сторон. Дело кончилось тем, что Серёже вкатили выговор по комсомольской линии за „хулиганство во время картофеле-уборочной кампании".

По роману Е. Евтушенко *Ягодные места*, Советский писатель, Москва 1982 г.

99 °размеща́ться/размести́ться untergebracht sein – 103 °приподнима́ть/приподня́ть ein wenig anheben – 108 °вкати́ть вы́говор *(vo.; umg.)* Verweis erteilen – 109 °по комсомо́льской ли́нии im Rahmen des Komsomol

Aufgaben zur Sprache

1. Geben Sie die kursivgedruckten Konstruktionen mit anderen sprachlichen Mitteln wieder.
   a) Z. 3 *Сын города*, Сергей Кривцов не знал деревни.
   b) Z. 4 Его *единственной деревней* была *дача*.
   c) Z. 5 его класс послали *„на картошку"*
   d) Z. 63 Это я *по-доброму*.
   e) Z. 67 *В вас есть что-то от* ренуаровской женщины.
2. Worüber verfügt Sergej zu Hause (Z. 8–10)?
3. Ersetzen Sie die kursivgedruckten Substantive durch eine verbale Konstruktion.
   a) Z. 6   это стало *открытием* совершенно незнакомого для него мира
   b) Z. 16 он в их *присутствии* разговаривал
4. Erläutern Sie die Aussagen Sergejs aus dem Zusammenhang des Textes.
   a) Z. 34 В самую точку попала.
   b) Z. 38 Я не из вашего круга, а из этого.
5. Bestimmen Sie die kursivgedruckte Wortform und ersetzen Sie sie durch eine synonyme Konstruktion.
   a) Z. 14 в перчатках, *выданных* ему матерью
   b) Z. 49 Теория сильной личности, *вставшей* над массой?
   c) Z. 55 *Увидев* двух городских, ... Тоня встала
   d) Z. 60 *обращаясь* к Селезнёву, виновато улыбнулась
   e) Z. 98 Селезнёв ... *ложась* рядом с Серёжей ... сказал ...
   f) Z. 103 Серёжа схватил Селезнёва, *приподняв* его с пола, и крепко ударил, *ответив* ему тоже по-английски.

Вопросы и задания

1. Сергей открыл для себя, что есть „и такая Россия". Какая это Россия?
2. Как проходят встречи школьников с деревенскими?
3. Сергей говорит, что Тоня „выполнила социальный заказ".
   а) Что он этим хочет сказать?
   б) Почему это не нравится Селезнёву?
   в) Почему Сергей называет Селезнёва „аристократом"?

4. Как Селезнёв относится к деревенским людям? Найдите все места, где это видно.
5. а) Передайте то, что Селезнёв говорит по-английски в строчках 91—97 своими словами по-русски.
   б) Селезнёв здесь говорит о будущем и советует Сергею не ссориться с ним. Что он имеет в виду?
   в) Составьте возможный ответ Сергея на совет Селезнёва.
6. Представьте себе, что Тоня после отъезда школьников пишет подруге письмо о том, что случилось. Напишите и вы такое же письмо.

7. Оставьте нам деревню!

Дорогой „Огонёк"!

Пишут тебе жители маленьких неизвестных деревень в Псковской области.

Все мы родились и выросли здесь, на псковской земле. Здесь жили наши деды и прадеды. Любовь к родной деревне, к полям, лесам и озёрам передали нам наши родители. Они честно работали в трудные для села времена — в годы коллективизации и позже, в голодные послевоенные годы. Много мужчин не вернулось домой с войны. Но и после войны, в годы восстановления народного хозяйства, получилось так, что и сами жители наших деревень, особенно молодёжь, хотели переехать в город. Искали лучшей жизни.

Мы живём в деревне Мельницы. Здесь есть и молодые семьи. Где молодёжь, там и дети. Казалось, жизнь в Мельницах не должна кончиться ...

Как же у нас хорошо тут! Действительно очень хорошо! И живём дружно. В радиусе пяти километров восемь деревушек, два магазина, медпункт, школа, есть и библиотека, и клуб, и почта. Мы имеем автобусную связь с Псковом. Так вот, кажется, все условия, чтобы не кончилась в наших деревнях жизнь.

Люди из города это быстро поняли. Они строят здесь домишки с огородами. Летом наши дачники работают на своём участке, ловят рыбу, собирают ягоды и грибы, отдыхают со своими детьми и внуками.

Но, как оказалось, наши надежды сохранить наши деревни были напрасны: составляя планы, кто-то объявил наши деревни неперспективными. Никто не спрашивал мнения у жителей. И, возможно, даже те, кто составлял перспективный план, не видели наши края, ни разу не побывали в этих красивых местах, ни с кем не поговорили. И это после апреля 1985 года, когда гласность, диалог с народом стали законом, стали обязательными, если решается судьба людей. У всех время обновления, а наши деревни должны умирать!

Необходимо сохранить деревни, не уничтожать их — это наше мнение. Есть и печальный опыт: деревня Красная горка. Ещё лет пятнадцать назад там жизнь кипела! Но убрали из деревни школу, родители с детьми уехали, и теперь дома без хозяев. В домах есть электричество, над крышами телевизионные антенны ... Но в домах не вклю-

6 °пра́дед Urgroßvater – 10 коллективиза́ция Kollektivierung – 13 °восстановле́ние Wiederaufbau – наро́дное хозя́йство Volkswirtschaft – 14 получа́ться/получи́ться (*1. u. 2. Pers. ungebr.*; полу́чится) sich ergeben – 25 °медпу́нкт Sanitätsstation – 31 огоро́д Gemüsegarten – 32 °да́чник Datschabesitzer – 33 я́года Beere – 34 гриб (*Pl.* грибы́) Pilz – 36 сохраня́ть/сохрани́ть erhalten – 38 составля́ть/соста́вить zusammenstellen, aufstellen – объявля́ть/объяви́ть (объявлю́, объя́вишь) verkünden, erklären – 39 °неперспекти́вный ohne Perspektive – 45 гла́сность *Politik:* Meinungsfreiheit, Transparenz – 48 °обновле́ние Erneuerung – 51 уничтожа́ть/уничто́жить vernichten – 54 кипе́ть/закипе́ть kochen; *hier:* (fig.) brodeln

О Русь! — О деревня! 77

чают свет — никто в них не живёт. Нет дорожки ни к одной двери. Ужасно видеть мёртвую деревню, особенно зимой.

Но несмотря на все трудности мы хотим жить здесь. И наши дети не должны уезжать из родного места, из своей деревни, потому что завтра они будут нужны здесь, в деревне. За детей, за землю наша тревога.

По журналу *Огонёк*, № 29, 1987 г.

61 **мёртвый** tot – 68 **трево́га** Sorge

Во многих деревнях живут только престарелые люди, большинство женщин. Как вы думаете, что можно сделать, чтобы деревни жили дальше?

Aufgaben zur Sprache

1. Erläutern Sie die Bedeutung der Ausdrücke aus dem Zusammenhang des Textes.
   a) Z. 9 в трудные для села времена
   b) Z. 39 неперспективные деревни
   c) Z. 48 время обновления
   d) Z. 54 жизнь кипела
   e) Z. 56 дома без хозяев
   f) Z. 61 мёртвая деревня
2. Fügen Sie in die Sätze jeweils ein passendes Verb ein.
   a) Z. 19 Где молодёжь, там и дети.
   b) Z. 23 В радиусе пяти километров восемь деревушек.
   c) Z. 44 И это после апреля 1985 года …
   d) Z. 57 … над крышами телевизионные антенны.
3. Ersetzen Sie die kursivgedruckten Substantive durch verbale Konstruktionen und verändern Sie die Satzstruktur entsprechend:
   a) Z. 6 *Любовь* к родной деревне … передали нам наши родители.
   b) Z. 13 в годы *восстановления* народного хозяйства
   c) Z. 16 Искали лучшей *жизни*.
   d) Z. 36 Наши *надежды* были напрасны.
   e) Z. 67 За землю наша *тревога*.
4. Begründen Sie die unterschiedliche Schreibung:
   Z. 3 в *П*сковской области   Z. 5 на *п*сковской земле

Вопросы и задания

1. а) Где живут люди, которые пишут это письмо?
   б) Почему они любят свою родину и свою деревню?
   в) Чего они, по-вашему, ждут от своего письма в газету?
2. О каких этапах истории советской деревни здесь идёт речь?
   Какие изменения происходят в деревне на этих этапах?
3. Как можно объяснить такое противоречие, что многие люди из деревни уезжают в город, а горожане приезжают в деревню?
4. Что случилось с деревней Красная горка?

О Русь! — О деревня!

8. Картошка, лошади, собаки

Это будет продукция нашего фермерского хозяйства. И ещё у каждого будет дом и сад. А пока мы, четверо женатых мужчин, живём в вагончике (семьи в Москве), пла-
5 тим друг другу зарплату по 1 000 рублей в месяц (до недавнего времени платили 200 рублей) и надеемся на светлое буду-щее. Сначала нас было восемь друзей. Но половина сошла с дистанции. Мы же про-
10 должаем свой марафон.

А всё началось полтора года назад. Ре-шили: хватит прозябать, пора делать де-ло. Всем хотелось создать собачий питом-ник. В этом все мы хорошо разбирались.
15 Профессионально.

Но остро встал вопрос о земле для пи-томника. Ясно, что в Москве питомник не создать. Землю же можно получить толь-ко на фермерство, на сельхозпродукцию.
20 Так в поле зрения появились лошади и овощи.

Мы подыскали местечко в 250 километ-рах от Москвы. Заброшенная деревушка почти на берегу Волги, и вокруг залежные
25 земли. Полгода ушло на хлопоты, но 15 гектаров мы наконец получили.

Тогда понадобились деньги для старта. Нам повезло. Бывший одноклассник стал бизнесменом — работал в Московском
30 бизнесцентре. Он дал гарантию за нас, и центр решил вложить в наше хозяйство 500 тысяч рублей. За это 40 процентов бу-дущей прибыли мы должны будем ему отдавать.
35 Затем мы купили комбайн „Енисей".

Успели купить по старой цене — за 63 тысячи рублей. Сейчас такая машина стоит миллион. Купили вагончик для жилья, построили сарай, скотный двор,
40 вольеры для собак. Купили мы также кобылу и двух жеребцов. Кобыла при-несла трёх жеребят. Так было положено начало коневодству.

В лошадях мы разбираемся. Они у нас
45 элитные. Мы покупали лошадей по три тысячи. Теперь цена на них намного выше. Ну и, конечно, завели собак — трёх кобе-лей и семь сучек. Все среднеазиатские ов-чарки.

50 Часть площади в этом году занимаем овсом и картошкой. Взяли на технику кре-дит — купили трактор. Так что обеспечим себя картошкой, лошадей овсом. И ещё продадим колхозу. Да, почти забыл: заве-
55 ли коз. Будем с молоком и мясом.

На очереди — строительство домов. За это время мы многому научились, так что дома, не исключено, построим сами.

Между собой разделили функции так:
60 один отвечает за всю технику, другой — как бы ветеринар и зоотехник, третий — главный строитель, четвёртый — спе-циалист по документации.

Что и говорить — живём тяжело. Семьи
65 свои не видим неделями. Экономим на всём. Но уверены: через два-три года нач-нём получать прибыль.

Дмитрий Александров

По журналу *Огонёк*, № 77—78, 1992 г.

---

3 **женáтый** verheiratet – 4 °**вагóнчик** (*Dim. v.* вагóн) Wohnwagen – 10 °**марафóн** Marathon – 12 °**про-зябáть** (*uv.*) dahinvegetieren – 13 °**собáчий питóмник** Hundezuchtzwinger – 23 °**забрóшенный** ver-nachlässigt – 24 °**зáлежный** Brach- – 25 **хлóпоты** (*Pl.*) Bemühungen; Sorgen – 27 °**понáдобиться** (*vo.*; **понáдоблюсь, понáдобишься**) nötig sein – 33 °**прúбыль** (*f.*) Gewinn – 35 °**комбáйн** Mähdrescher – 39 **сарáй** Schuppen – **скóтный двор** Viehhof – 40 °**вольéр** Freigehege – 41 °**кобы́ла** Stute – °**жеребéц** Hengst – 42 °**жеребёнок** Fohlen – 43 °**коневóдство** Pferdezucht – 47 °**заводúть/завестú** an-schaffen – °**кобéль** (*m.*) Rüde – 48 °**сýчка** Hündin – °**овчáрка** Schäferhund – 51 °**овёс** Hafer – 52 **обеспéчивать/обеспéчить** versorgen – 55 °**козá** Ziege – 61 °**зоотéхник** Viehzüchter – 65 **экономить/сэкономить** sparen

Aufgaben zur Sprache

1. Stellen Sie aus dem Text ein Wortfeld сельское хозяйство zusammen. Ordnen Sie nach den Kategorien:
   растения   животные   организация/   места/здания/
                           деятельность   предметы
2. Schreiben Sie aus dem Text alle Fremdwörter im Nominativ Sg. heraus.
   a) ohne Suffix   b) mit Suffix
3. Suchen Sie im Text von Substantiven abgeleitete Adjektive und nennen Sie das jeweils zugrundeliegende Substantiv.
4. Aus welchen Wörtern sind die Abkürzungen gebildet?
   a) зарплата   b) сельхозпродукция   c) колхоз
5. Übersetzen Sie Z. 44—55 und versuchen Sie dabei, die umgangssprachliche Redeweise wiederzugeben.
6. Schreiben Sie die Sätze mit Zahlenangaben heraus und schreiben Sie dabei die Zahlen in Worten.

Вопросы и задания

1. Опишите участников этого эксперимента: Кто они? Как они живут? Как они работают? Какие у них цели?
2. Как вы думаете, почему некоторые люди вышли из этого дела?
3. Вначале эти люди хотели создать собачий питомник — а стали фермерами. Почему так получилось? Назовите этапы этого процесса.
4. Каких животных и сколько они держат?
5. Сравните это фермерство с тем, что вы узнали в тексте „Посещение арендатора". В чём вы видите разницу?

5 Не хлебом единым

1. Православие в России

Русская православная церковь праздновала в 1988 году своё тысячелетие. До 988 года славяне на территории Киевской Руси были язычниками. С ростом и могуществом государства князья захотели ввести на Руси единую религию.

Из хроники Нестора*, самой ранней записи об истории России, мы узнаём, что князь Владимир** отправил своих послов по всему миру. Они должны были найти такую религию, которая лучше всего подходила бы русскому народу.

Вернувшись, послы рассказали князю следующее:

— Были мы у болгар. Их религия нам не подходит: свинины есть нельзя, вина пить нельзя. Были мы у немцев. Видели их служение богу, но красоты не видели никакой. Были мы у греков. В их церкви не знали мы, на небе мы или на земле. Такая красота была вокруг ...

Религия из Византии с её великолепными церквями, многочасовыми службами, прекрасным хоровым пением очень понравилась русским.

Россия стала православной. Христианство на Руси распространялось быстро. Многие качества русского характера соответствовали требованиям новой религии: терпение, сострадание, смирение. Любовь ко всему красивому находила своё выражение в красивейших и разнообразнейших храмах, построенных по всей России. Первые церкви были построены как византийские, но последующие отличались удивительным многообразием архитектуры.

Христианство повлияло на развитие русской живописи. Изображение святых на дереве или металле называется иконой. Самая любимая икона русских — это икона Андрея Рублёва*** „Троица". Сюжет этой иконы взят из Ветхого Завета, но удивительно светлые краски — голубая и золотая, — лёгкость фигур отличают эту икону от других изображений троицы.

Нина Фёдорова

Центральная часть иконостаса — стены, покрытой иконами, — в православной церкви. Иконостас отделяет алтарь.
Опишите, как выглядит внутри католическая (евангелическая) церковь.

---

* Нестор Летописец был монахом одного из киевских монастырей. Предполагается, что хронику он составил в начале XII века.
** Владимир — князь киевский с 978 до 1015.
*** Андрей Рублёв — создатель московской школы живописи. Предполагается, что он родился в 1360 году и умер в 1430 году. Он был монахом в Троице-Сергиевом монастыре.

1 °правосла́вный rechtgläubig, griechisch-orthodox – це́рковь *(f.)* Kirche – пра́здновать/отпра́здновать feiern – 4 °язы́чник Heide – °могу́щество Macht, Stärke – 5 °князь *(m.)* Fürst – 9 °посо́л Botschafter – 11 подходи́ть/подойти́ *hier:* sich eignen – 16 °свини́на Schweinefleisch – 18 °служе́ние *hier:* Gottesdienst – 22 великоле́пный prachtvoll – 26 °христиа́нство Christentum – 27 °распространя́ться/распространи́ться sich ausbreiten – 28 соотве́тствовать *(uv.)* entsprechen – 29 тре́бование Forderung – 30 °терпе́ние Geduld – °сострада́ние Mitleid – °смире́ние Demut – 31 °находи́ть/найти́ своё выраже́ние seinen Ausdruck finden – 33 °храм Tempel – 35 °после́дующий nachfolgend – отлича́ться/отличи́ться sich auszeichnen – 38 влия́ть/повлия́ть beeinflussen – 39 °изображе́ние Darstellung – свято́й Heiliger – 42 °тро́ица Dreifaltigkeit – 43 °Ве́тхий Заве́т Altes Testament – * °летопи́сец Chronist – °мона́х Mönch – °монасты́рь *(m.)* Kloster – °предполага́ется *(uv.)* es ist anzunehmen – *** °созда́тель *(m.)* Begründer – жи́вопись *(f.)* Malerei

Aufgaben zur Sprache

1. Nennen Sie alle zu der Wortfamilie gehörenden Wörter.
   a) служение, b) пение
2. Bestimmen Sie die kursivgedruckte Wortform. Ersetzen Sie die kursivgedruckte Wortform durch eine synonyme syntaktische Konstruktion.
   a) Z. 13 *Вернувшись*, послы рассказали князю следующее.
   b) Z. 31 Любовь ко всему красивому находила своё выражение в храмах, *построенных* по всей России.
   c) Z. 34 Первые церкви *были построены* как византийские.
3. Übersetzen Sie Z. 13 – Z. 25.

Вопросы и задания

1. Когда было принято христианство на территории Киевской Руси?
2. Какая религия была у славян Киевской Руси до принятия христианства?
3. Почему князь Владимир решил ввести единую религию на Руси?
4. В каких странах побывали послы князя Владимира и что они рассказали после возвращения?
5. Почему православие на Руси быстро распространялось?
6. Как повлияло православие на русскую архитектуру?
7. Что такое икона?

2. Пасхальная ночь

Лев Николаевич Толстой (1828—1910) родился в имении Ясная Поляна и прожил там всю свою жизнь. Им написаны произведения „Севастопольские рассказы", „Утро помещика", романы „Война и мир", „Анна Каренина", „Воскресение".

Роман „Воскресение" написан Толстым в последний период его литературной деятельности. Над этим романом писатель работал около десяти лет. В романе поставлены проблемы о судьбах крестьянства, проблемы человеческого поведения и самоусовершенствования, любви, добра и морального „воскресения".

Главные герои романа „Воскресение" князь Нехлюдов и Катюша Маслова. Нехлюдов в молодости приезжает в гости к своим тётушкам в деревню. Там он встречает Катюшу и влюбляется в эту хорошенькую девушку ...

Нехлюдов хотел уже идти спать, как услыхал в коридоре сборы Матрёны Павловны вместе с Катюшей в церковь. „Поеду и я", подумал он. Дороги в церковь не было. Поэтому Нехлюдов взял жеребца и, вместо того чтобы лечь спать, оделся и поехал в темноте, по лужам и снегу, к церкви.

Когда он в чёрной темноте въехал на церковный двор, служба уже началась. Церковь была полна праздничным народом.

С правой стороны — мужики: старики в домодельных кафтанах и лаптях и молодые в новых суконных кафтанах, в сапогах. Слева — бабы в красных шёлковых платках и пёстрых юбках, в ботинках с подковками. Скромные старушки в белых платках и серых кафтанах стояли позади них. Между теми и другими стояли нарядные с маслеными головами дети. Мужики крестились и кланялись. Женщины, особенно старушки, уставив глаза на одну икону со свечами и шепча что-то, кланялись или падали на колени. Дети, подражая большим, старательно крестились, когда на них смотрели.

Нехлюдов прошёл вперёд. В середине стояла аристократия: помещик с женою и сыном, телеграфист, купец и старшина. Справа, позади помещицы, стояла Матрёна Павловна в лиловом платье с белым платком и Катюша в белом платье, с

Пасха — самый большой праздник православной церкви. Люди приносят в церковь на пасху куличи (пасхальный пирог) и крашеные яйца, чтобы священник освятил их. Какой церковный праздник считается самым большим в вашей церкви?

голубым поясом и красным бантиком на чёрной голове.

Всё было празднично, торжественно, весело и прекрасно: и священник в светлых с золотыми крестами одеждах, и нарядные добровольцы-певчие с маслеными

1 °име́ние Landgut – 2 **произведе́ние** Werk – 3 **поме́щик** Gutsbesitzer – °воскресе́ние Auferstehung – 5 **де́ятельность** *(f.)* Tätigkeit – 6 °ста́вить (ста́влю, -ишь)/поста́вить пробле́мы ein Problem aufwerfen – **поведе́ние** Benehmen – 7 °самоусоверше́нствование Selbstvervollkommnung – 10 °хоро́шенький hübsch – 12 °сбо́ры *hier:* Vorbereitungen – 15 °жеребе́ц Hengst – 17 °лу́жа Pfütze – 20 **слу́жба** *hier:* Gottesdienst, Messe – 24 °домоде́льный in Heimarbeit angefertigt – **кафта́н** Kaftan, Kleid – °ла́пти Bastschuhe – 25 °суко́нный Woll- – 26 °шёлковый Seiden- – 27 **плато́к** Kopftuch – °пёстрый bunt – **ю́бка** Frauenrock – 28 °подко́вка (*Dim. v.* подко́ва) Hufeisen – **скро́мный** bescheiden – 30 **наря́дный** schön gekleidet – 31 °ма́сленый fett(ig), ölig – 32 °крести́ться/перекрести́ться sich bekreuzigen – **кла́няться/поклони́ться** sich verneigen – 34 °свеча́ Kerze – **шепта́ть/прошепта́ть** flüstern – 35 °подража́ть *(uv.)* nachahmen – 40 °купе́ц Kaufmann – **старшина́** Vorsteher – 44 °по́яс Gürtel – °бант Schleife – 46 **торже́ственно** feierlich – 49 °пе́вчий *(kirchl.)* Chorsänger

волосами, и слова священника: „Христос воскресе! Христос воскресе!" Всё было прекрасно, но лучше всего была Катюша в белом платье и голубом поясе, с красным бантиком на чёрной голове и с сияющими глазами.

Нехлюдов чувствовал, что она видела его, не оглядываясь. Ему нечего было сказать ей, но он придумал и сказал, проходя мимо неё:

— Тётушка сказала, что она будет разговляться после обедни. Чёрные глаза, смеясь и радуясь, глядя снизу вверх, остановились на Нехлюдове.

— Я знаю, — улыбнувшись, сказала она.

В это время дьячок прошёл мимо Катюши и, не глядя на неё, задел её. Нехлюдов удивился. Как это он, этот дьячок, не понимает того, что всё на свете существует только для Катюши, что она центр всего. Для неё блестело золото иконостаса и горели все свечи, для неё были эти радостные напевы. „Пасха господня, радуйтесь, люди". И всё, что только было хорошего на свете, всё было для неё. И Катюша, ему казалось, понимала, что всё это для неё. Он видел, что то же, что поёт в его душе, поёт и в её душе.

По роману Льва Толстого *Воскресение*

50 °**Христо́с воскре́се!** Christus ist auferstanden! – 54 **сия́ть** *(uv.)* strahlen – 57 °**огля́дываться/огляде́ться** sich umsehen – 60 °**разговля́ться/разгове́ться** zum erstenmal nach dem Fasten Fleisch essen – 61 °**обе́дня** *(kirchl.)* Messe – 66 °**дьячо́к** Kirchendiener – 72 °**иконоста́с** Heiligenbilderwand

Aufgaben zur Sprache

1. a) Schreiben Sie aus dem Text alle Sätze mit Adverbialpartizipien heraus.
   b) Verwandeln Sie die Adverbialpartizipialkonstruktionen in Nebensätze.
2. Erklären Sie die Bedeutung der kursivgedruckten Ausdrücke aus dem Textzusammenhang.
   a) Z. 19 в *чёрной* темноте
   b) Z. 21 церковь была полна *праздничным* народом
3. Setzen Sie die Ausdrücke in den Singular.
   a) Z. 25 в новых суконных кафтанах
   b) Z. 27 в пёстрых юбках
   c) Z. 30 нарядные с маслеными головами дети
   d) Z. 34 со свечами
   e) Z. 47 в светлых одеждах
   f) Z. 48 с золотыми крестами
4. Stellen Sie ein Wortfeld zum Bereich церковная служба zusammen. Ergänzen Sie evtl. durch schon bekannte Wörter.
5. Übersetzen Sie Z. 46 – Z. 55. Versuchen Sie dabei auch, den poetischen Stil wiederzugeben.

Вопросы и задания

1. Почему Нехлюдов поехал в церковь?
2. Где стояли женщины, мужчины и дети и как они были одеты?
3. Где стояла аристократия?
4. Какая атмосфера была в церкви?
5. Как гармонирует атмосфера в церкви с душевным настроением Нехлюдова?
6. Чем отличается служба в церкви, которую вы знаете, от службы, описанной в этом отрывке?

3. Трагедия церкви

Со дня своего возникновения Советская власть признала в Церкви своего врага, и её уничтожение стало одной из первых задач партии. Религия была объявлена „пережитком прошлого", который требовалось „разрушить до основания".

Уже с 1922 года действовала Антирелигиозная комиссия, которая разрабатывала планы тотального подавления церкви и верующего народа. Газеты призывали к „антирождественским" и „антипасхальным" демонстрациям. Началось уничтожение Церкви как „классового врага пролетариата и сознательного крестьянства". Многие служители Церкви подверглись репрессиям. Уничтожались храмы, иконы, религиозные книги.

Так в Киеве за три года, 1934 – 1936, было разрушено около 70 церквей и храмов. А к концу тридцатых годов только на Украине было уничтожено более двенадцати тысяч церквей.

В Москве тоже закрывались церкви и разрушались храмы. Был уничтожен и один из великолепнейших храмов Москвы — храм Христа Спасителя.

Ещё в 1812 году был издан манифест о строительстве в Москве церкви в честь победы русского народа над армией Наполеона. Строительство началось в 1839 году и продолжалось более 40 лет. Это здание, построенное в традиционном византийско-русском стиле, могло вместить до 10 000 человек. Храм расписывали лучшие живописцы России. На покрытие куполов ушло 422 килограмма золота. Расходы на строительство храма были немалые — 15 миллионов рублей.

5 декабря 1931 года тысячи москвичей стали свидетелями трагедии, происшедшей на площади у Москвы-реки. Взрывали храм Христа Спасителя. Когда раздался взрыв, Сталин, работавший в своём кабинете в Кремле, вздрогнул и спросил своего помощника:
— Что за канонада? Где взрывают?

Помощник доложил, что сносят храм Христа Спасителя. Сталин успокоился. С храмом было покончено. В 1960 году на этом месте был построен бассейн „Москва" ...

По журналу *Спутник*, № 3, 1991 г.

1 °**возникнове́ние** Entstehung – 2 **уничтоже́ние** Vernichtung – 3 °**пережи́ток про́шлого** Überrest der Vergangenheit – °**разру́шить до основа́ния** bis auf die Grundmauern zerstören – 6 °**подавле́ние** Unterdrückung – 7 °**ве́рующий** gläubig – 12 °**служи́тель** *(m.) hier:* Geistlicher – 13 °**подверга́ться/подве́ргнуться** sich aussetzen – 23 **Спаси́тель** *(m.)* Erlöser – 24 **издава́ть/изда́ть (изда́м, изда́шь, изда́ст, издади́м, издади́те, издаду́т)** erlassen – 25 **в честь** *(f.)* zu Ehren – 31 °**распи́сывать/расписа́ть** bemalen – 32 **живопи́сец** Maler – 33 °**ку́пол** Kuppel – 34 °**расхо́ды** Ausgaben – 38 °**свиде́тель** *(m.)* Zeuge – 42 °**вздра́гивать/вздро́гнуть** zusammenzucken – 44 °**взрыва́ть/взорва́ть** sprengen – 45 °**докла́дывать/доложи́ть** berichten – 47 **конча́ть/ко́нчить** Schluß machen

Aufgaben zur Sprache

1. Schreiben Sie aus dem Text alle Substantive zum Wortfeld це́рковь heraus.
2. Bestimmen Sie die kursivgedruckte Wortform. Ersetzen Sie die kursivgedruckte Form durch eine synonyme Konstruktion.
   a) Z. 29 здание, *построенное* в традиционном стиле
   b) Z. 37 тысячи москвичей стали свидетелями трагедии, *происшедшей* на площади.
   c) Z. 41 Сталин, *работавший* в своём кабинете
3. a) Übersetzen Sie Z. 12 – Z. 23 und beachten Sie dabei besonders die Passivkonstruktionen.
   b) Bestimmen Sie den Aspekt des zugrundeliegenden Verbs.

Слева церковь Христа Спасителя до 1931 г. и справа её взрыв. Объясните, почему правительство уничтожало церкви.

4. Suchen Sie im Text acht von Substantiven abgeleitete Adjektive und nennen Sie das jeweils zugrundeliegende Substantiv.

Вопросы и задания

1. Какие методы применялись Советской властью для уничтожения церкви?
2. Что вы узнали о храме Христа Спасителя в Москве?
3. Какая трагедия произошла в Москве 5 декабря 1931 г.?
4. Что было построено на месте храма Христа Спасителя?
5. Почему Советская власть хотела уничтожить у людей веру в бога?
6. Как вы думаете, смогла ли антирелигиозная пропаганда в России достичь своей цели? Объясните ваше мнение.

4. Возрождение

С времён перестройки в России возрос интерес к религии и церкви. Это объясняется тем, что в стране началось критическое время. Время, когда всё подвергается пересмотру, когда не остаётся никаких авторитетов. Многие теряют надежду. Вера в бога, как для пожилых так и для молодых, становится духовной опорой и поддержкой в это тяжёлое время. Люди ищут дорогу в молитвенные дома и храмы.

Несмотря на политические и экономические трудности в России, церкви возвращаются старые храмы и молитвенные дома, создаются религиозные общины. В разговоре с корреспондентами газеты „Правда" митрополит Ювиналий рассказал о состоянии Церкви с 1985 года:

— Нашу Церковь можно сравнить с состоянием человека, пережившего тяжёлую болезнь. Десятилетиями наша Церковь уничтожалась физически. Что у нас было до недавнего времени? Шесть с половиной тысяч храмов на весь многомиллионный Советский Союз. Сейчас государство возвращает нам тысячи храмов и монастырей. Но для реставрации каждого из них нужны громадные средства. Государство нам этих средств не выделяет. Чтобы привести старые храмы в порядок, нам нужны не миллионы, а миллиарды рублей. Во многих местах члены церковных общин сами расчищают и восстанавливают храмы. Не хватает священников для богослужения. Всё, что возможно, мы делаем. Но нам нужны время, материальные средства и, конечно же, помощь Божия.

По газете *Правда*, № 48, 1992 г.

°возрождéние Wiedergeburt – 1 °возрастáть/возрастú zunehmen, steigen – 5 °пересмóтр Revision, Überprüfung – 8 °духóвная опóра geistiger Halt – 9 поддéржка Unterstützung – 10 °молúтвенный дом Gebetshaus – 13 возвращáть/возвратúть (возвращý, возвратúшь) zurückgeben – 15 °общúна Gemeinde – 17 °митрополúт Metropolit – 34 °восстанáвливать/восстановúть aufbauen – 35 °свящéнник Geistlicher – °богослужéние Gottesdienst

Aufgaben zur Sprache

1. Wandeln Sie die passiven Wendungen in aktive um.
    a) Z. 13 Церкви возвращаются старые храмы.
    b) Z. 15 В России создаются религиозные общины.
    c) Z. 21 Десятилетиями церковь уничтожалась физически.
2. Wandeln Sie die aktiven Wendungen in passive um.
    a) Z. 29 Государство нам этих средств не выделяет.
    b) Z. 33 Члены церковных общин расчищают и восстанавливают храмы.
    c) Z. 35 Всё, что возможно, мы делаем.
3. a) Schreiben Sie aus dem Text alle Adjektive heraus. Trennen Sie dabei nach Qualitätsadjektiven und Beziehungsadjektiven.
    b) Bilden Sie die Komparativ- und Superlativformen der Qualitätsadjektive.
    c) Nennen Sie das jeweils zugrundeliegende Substantiv der Beziehungsadjektive.
4. Ersetzen Sie die kursivgedruckten Ausdrücke durch Synonyme.
    a) Z. 17 *рассказал о*   d) Z. 28 *громадные* средства
    b) Z. 23 *недавнее* время   e) Z. 29 государство *не выделяет*
    c) Z. 28 *каждого* из них

Вопросы и задания

1. Почему в России возрос интерес к религии в последнее время?
2. Какие новые трудности появились у церкви?
3. Передайте содержание текста. Пользуйтесь при этом следующими выражениями:

В тексте речь идёт о …	Затем речь идёт о …
Я хотел(а) бы начать с главного …	В конце текста говорится о …

5. Пётр Ильич Чайковский

Детство Петра Ильича Чайковского проходило в благоустроенной семье. У родителей Чайковского было много друзей и знакомых. У них часто бывали гости. Нельзя сказать, что музыка играла особенную роль в этой семье. В то время многие дети в богатых семьях играли на пианино. Поэтому маленький Пётр, кото-

Не хлебом единым   87

Пётр Ильич Чайковский (1840–1893)

рый часто садился за инструмент, не очень удивил своих окружающих. Хотя удивляться было чему.

Уже в пять лет Пётр очень хотел принимать участие в уроках музыки своего старшего брата. И вскоре он уже мог наиграть на пианино любую мелодию, которую он слышал. Иногда он часами сидел за инструментом, и его надо было оттаскивать силой.

Уже в раннем детстве Пётр был очень нервным, чувствительным ребёнком. Он легко обижался, его нельзя было наказывать как других детей, потому что боялись, что он может от этого заболеть. Няня Петра называла его „фарфоровым" мальчиком. Казалось, что внутренний мир маленького Чайковского так переполнял его, что он искал облегчения в игре на пианино. Несмотря на то, что музыкальные способности мальчика были очевидны, родители решили отдать его в юридическое училище в Петербурге. Музыкой в училище никто не интересовался. Общее мнение было таково: музыка — это занятие несерьёзное. В 1854 г. умирает от холеры мать Чайковского, которую он очень любил. Пётр очень тяжело перенёс эту утрату. Только через два года он смог говорить об этом с другими.

В 1859 году Чайковский становится титулярным советником. Но служба мало интересует его. Он предаётся развлечениям: театр, опера, балы, модная одежда. Через два года Чайковский резко меняет свой образ жизни. Он бросает службу, прерывает все знакомства и поступает в консерваторию. Финансовая ситуация в семье была очень трудной, тем не менее Пётр отказывается от карьеры чиновника и посвящает себя музыке. Три года в консерватории были счастливыми годами в жизни Чайковского. У него не было денег, он жил очень скромно, но у него была цель в жизни — музыка. Чайковский достиг своей цели: он стал первым русским композитором, произведения которого были признаны во всём мире. Его оперы, балеты и симфонии постоянно находятся во всех репертуарах мира. Вот некоторые из них: Евгений Онегин, Пиковая дама, Лебединое озеро, Спящая красавица, Щелкунчик, шесть симфоний и много других музыкальных произведений.

Михаил Антонов

---

2 °**благоустро́енный** wohlgeordnet, harmonisch – 4 **знако́мый** Bekannter – 10 °**удивля́ть/удиви́ть** in Erstaunen versetzen – **удивля́ться** (*uv.*) **чему́** staunen über – 15 °**наигра́ть** (*vo.*) nachspielen – 16 **часа́ми** stundenlang – 18 °**отта́скивать** (*uv.*) wegschleppen – 20 °**чувстви́тельный** empfindlich – 21 °**обижа́ться** (*uv.*) beleidigt sein – 24 °**фарфо́ровый** Porzellan- – 25 **вну́тренний** innen – 26 °**переполня́ть/переполни́ть** Überhand gewinnen – 27 °**облегче́ние** Erleichterung – 29 **спосо́бность** (*f.*) Begabung – 30 **очеви́дно** offensichtlich – 31 °**учи́лище** Berufsschule – 34 **(не)серьёзный** (un)ernst – 37 °**перенести́ утра́ту** den Verlust bewältigen – 41 °**титуля́рный сове́тник** Titularrat – 42 °**предава́ться** (*uv.*) s. hingeben – °**развлече́ние** Unterhaltung – 45 °**о́браз жи́зни** Lebensart – **броса́ть/бро́сить** *hier*: aufgeben – 46 °**прерыва́ть/прерва́ть** unterbrechen – 48 °**тем не ме́нее** trotzdem – 50 **посвяща́ть/посвяти́ть** widmen – 55 **достига́ть/дости́чь чего́** erreichen etw. – 57 **признава́ть/призна́ть** anerkennen – 58 **постоя́нно** ständig – 62 °**Щелку́нчик** Nußknacker

Не хлебом единым

Aufgaben zur Sprache

1. Erschließen Sie die Bedeutung des Wortes наказывать (Z. 21) aus dem Kontext heraus.
2. Z. 4 знакомые: Definieren Sie die Wortform. Nennen Sie andere ähnliche Beispiele.
3. Bilden Sie ähnliche grammatikalische Formen nach dem Muster:
   день-днями, час, месяц, год, век.
4. Wie kann man auf russisch die Möglichkeit, Zulässigkeit oder Notwendigkeit ausdrücken?

Вопросы и задания

1. Опишите атмосферу в семье, где рос Пётр Ильич Чайковский.
2. Как проявлялся его талант к музыке?
3. Опишите характер маленького Петра.
4. Как вы думаете, почему родители Чайковского решили отдать его в юридическое училище?
5. Как бы вы поступили на месте родителей Чайковского?
6. Что заставило Чайковского отказаться от карьеры юриста?
7. Как вы думаете, изменилось ли отношение к музыке в наше время?

6. Александр Володин: несколько слов о Булате Окуджаве

Песни Булата Окуджавы были очень популярны в 60ые – 70ые годы в России. Сотни тысяч мальчиков с гитарами пели их по всей стране. До этих песен советская песенная индустрия практически не имела конкуренции внутри страны. И вдруг открылось, что сочинить песню и сделать её популярной может один человек — без пропаганды, без
5 *радио, без телевидения, без кино. Булат Окуджава как бы и не пел, а напевал свои стихи, аккомпанируя 3 – 5 аккордами на гитаре. Но это были песни, в которых было ощущение правды жизни, чувство человеческой судьбы. Один из друзей Булата Окуджавы вспоминает о том, как он впервые услышал его песни.*

Должен предупредить, что я люблю Булата Окуджаву. Но это не значит, что
10 я буду необъективен. Потому что в нашей стране его любят почти все.

В первый раз я увидел его лет пятнадцать назад в гостинице „Октябрьская"
15 в компании московских поэтов. Он поставил ногу на стул, на колено — гитару, подтянул струны и начал. Что начал? Потом это стали называть песнями Окуджавы. А тогда было еще непонятно, что

это. В то время и песни были другими, и 20
пели их не так. А это? Как понять? Как назвать? Как рассказать друзьям, что произошло в гостинице „Октябрьская"?

Окуджава спел несколько песен и уехал в Москву. А я рассказывал и рассказывал 25
об этом всем, кто попадался на глаза. Рассказывал до тех пор, пока директор Дома Искусств не позвонил мне по телефону, любопытствуя, что это были за песни. Я изложил их содержание своими 30

6 ощущéние Empfindung – 7 чу́вство Gefühl – 9 предупрежда́ть/предупреди́ть (предупрежу́, предупреди́шь) warnen – 17 подтяну́ть *(vo.)* ziehen, spannen – °струна́ Saite – 23 происходи́ть/произойти́ geschehen – 26 °попада́ться на глаза́ unter die Augen kommen – 27 °до тех пор bis dahin – 29 °любопы́тствовать *(uv.)* neugierig sein – 30 излага́ть/изложи́ть darlegen

словами, и вскоре в Ленинградском Доме Искусств был запланирован вечер Окуджавы. В первый раз должны были прозвучать его песни как что-то естественное, имеющее право на публичное исполнение перед людьми, которые специально придут, чтобы их слушать.

Я обзвонил всех, кого мог, уговаривая прийти.

— Что, хороший голос? — спрашивали меня.

— Не в этом дело, он сам сочиняет слова!

— Хорошие стихи?

— Не в этом дело, он сам сочиняет музыку!

— Хорошие мелодии?

— Не в этом дело!

Перед тем, как я должен был представить его слушателям, он попросил:

— Только не говорите, что это песни. Я поэт. Это стихи.

Видимо, он не был уверен в музыкальных достоинствах того, что он делал.

А делал он поразительное по тем временам, новое для нас, но древнейшее человеческое дело.

Некогда поэтов называли певцами. Они сами сочиняли и стихи и мелодии, сами пели и сами себе аккомпанировали на цитре. Но постепенно отпала необходимость личного исполнения, затем стала не нужна мелодия, сделались необязательными даже рифма и размер, а иной раз и мысль, и чувство — сама поэзия порой стала служить недостойным целям. Тогда она спохватилась и велела: воссоединяйте меня!

В нашей стране первым это сделал Окуджава.

Если бы это слово не было таким старомодным, то, соответственно французскому „шансонье", Окуджаву надо бы так и называть: певец. Но возник другой термин, который означает то же самое, но ещё и что-то вдобавок, важное каждому, личное для многих. Этот новый термин — просто „Булат". Так зовут его не только друзья, но все, кому он стал нужен для жизни. Каждому, кто думает, это — про меня:

Когда мне невмочь пересилить беду,
Когда подступает отчаянье ...

Это — про нас:

Возьмёмся за руки, друзья,
чтоб не пропасть поодиночке.

Из книги: *Булат Окуджава 65 песен*, Анн Арбор: Изд. Ардис, Мичиган, США, 1986 г.

30 **содержа́ние** Inhalt – °**свои́ми слова́ми** mit eigenen Worten – 34 **есте́ственный** natürlich – 35 **публи́чный** öffentlich – 38 °**обзвони́ть** (vo.) herumtelephonieren – **угова́ривать/уговори́ть** überreden – 42 °**сочиня́ть** (uv.) dichten, komponieren – 53 **ви́димо** anscheinend – 54 **досто́инство** Würde; *hier*: Wert – 55 °**порази́тельный** erstaunlich – 56 °**дре́вний** alt, antik – 61 °**ци́тра** Zither – °**отпа́сть** (vo.) abfallen; *hier*: schwinden – **необходи́мость** (f.) Notwendigkeit – 62 **ли́чный** persönlich – 64 **разме́р** Größe; *hier*: Versmaß – 66 °**недосто́йный** unwürdig – 67 °**спохвати́ться** (vo.) sich besinnen – °**веле́ть** (uv.) befehlen – °**воссоединя́ть** (uv.) wiedervereinigen – 72 **соотве́тственно** entsprechend – 75 **означа́ть** (uv.) bedeuten – °**то же са́мое** dasselbe – 76 °**вдоба́вок** außerdem – 82 °**невмо́чь** (umg.) unerträglich – °**пересили́ть** (vo.) überwältigen – 83 °**подступа́ть** (uv.) aufsteigen – **отча́янье** Verzweiflung – 85 **взя́ться** (vo.) **за что** etw. anfassen – 86 °**пропа́сть** (vo.; umg.) umkommen – **поодино́чке** einzeln

Aufgaben zur Sprache

1. Bestimmen Sie die kursivgedruckte Wortform. Geben Sie sie mit anderen sprachlichen Mitteln wieder.
   a) Z. 29 *любопытствуя*,   b) Z. 38 *уговаривая*
2. Finden Sie im Text Sätze, die das Erstaunen des Autors zeigen.
3. Übersetzen Sie Z. 38 – 52.
4. Finden Sie im Text und in der Einleitung alle Fremdwörter.

Вопросы и задания

1. Как вы думаете, что удивило автора текста, когда он впервые услышал песни Булата Окуджавы?
2. Почему автору было трудно объяснить, как поёт Булат Окуджава?
3. Почему Булат Окуджава просит не называть слова „песня"?
4. Как вы думаете, чем отличались песни Булата Окуджавы от официально популярных песен тех лет?

7. Последний троллейбус / Midnight Trolley

1. Когда мне невмочь пересилить беду,
   когда подступает отчаянье,
   я в синий троллейбус сажусь на ходу,
   в последний,
   случайный.

2. Последний троллейбус, по улицам мчи,
   верши по бульварам круженье,
   чтоб всех подобрать, потерпевших в ночи
   крушенье,
   крушенье.

3. Последний троллейбус, мне дверь отвори!
   Я знаю, как в зябкую полночь
   твои пассажиры — матросы твои —
   приходят
   на помощь.

4. Я с ними не раз уходил от беды,
   я к ним прикасался плечами ...
   Как много, представьте себе, доброты
   в молчанье,
   в молчанье.

5. Последний троллейбус плывёт по Москве,
   Москва, как река, затухает,
   и боль, что скворчонком стучала в виске,
   стихает,
   стихает.

---

1. When I haven't the strength to master my misfortune,
   when I feel despair coming on,
   I hop on the passing blue trolley,
   the last one,
   the chance one.

2. Midnight trolley, rush along the streets,
   circle the boulevards,
   pick up all those who suffered in the night,
   disaster,
   disaster.

3. Midnight trolley, open your door!
   I know how in the chilly midnight
   your passengers — your sailors —
   come to my aid.

4. With them more than once I've left my troubles behind,
   we've rubbed shoulders together ...
   Just imagine — what kindness there is
   in silence,
   in silence.

5. The midnight trolley sails through Moscow,
   like a river, Moscow dies down,
   and the pain which pecked at my brain like a starling
   subsides,
   subsides.

3 °**на ходу** im Fahren – 6 °**мча́ть** *(uv.)* dahineilen – 7 °**верши́ть/соверши́ть** vollziehen – °**круже́ние** Kreise ziehen – 8 °**подбира́ть/подобра́ть** *hier:* mitnehmen – **терпе́ть/потерпе́ть круше́ние** einen Unfall erleiden; scheitern – 11 °**отворя́ть/отвори́ть** öffnen – 12 °**зя́бкий** frostig – 17 °**прикаса́ться/прикосну́ться** berühren – **плечо́** Schulter – 22 **затуха́ть** *(uv.)* erlöschen – 23 **скворчо́нок** *(Dim. v.* скворе́ц) junger Star – °**стуча́ть** *(uv.)* **в виске́** in der Schläfe hämmern – 24 **стиха́ть/сти́хнуть** schwächer werden

Вопросы и задания

1. Прослушайте песню Булата Окуджавы „Последний троллейбус".
2. Передайте содержание песни на немецком языке и сравните его с английским переводом.
3. Какое душевное состояние выражает автор в этой песне? Найдите эти места в тексте.
4. Что значат слова: в молчанье много доброты?
5. Дайте характеристику музыки этой песни.
   Используйте при этом прилагательные, данные ниже.

   Музыка: тихая   или   громкая
             грустная   или   весёлая
             скучная   или   волнующая
             плавная   или   быстрая

8. В ритме времени

Увлечение рок-музыкой в России началось в шестидесятых годах. Но только с 1986 года этот жанр перестали считать сомнительным и вредным. По радио
5 стали передавать поток рок-рубрик, рок-дискуссий, а на телевидении появилась передача хит-парад. Трудно найти город, где не было бы рок-клуба или рок-группы.

Одна из самых популярных групп в
10 Санкт-Петербурге — группа „ДДТ". Руководитель группы Юрий Шевчук. Он родился в 1957 году в Магаданской области в семье солдата. В 1981 году закончил художественно-графический факуль-
15 тет Башкирского пединститута. В 1986 году Юрий переезжает в Ленинград с женой и восьмилетним сыном, где формирует группу „ДДТ". Он пишет стихи и сочиняет музыку к ним.

20 Познакомьтесь с беседой корреспондента газеты „Московские новости" и Юрием Шевчуком.

К. *Почему Ваши песни так популярны?*

— Мы живём в удивительное время. В
25 стране колоссальная и трагичная ситуация. Многие занимаются политикой. А жизнь-то идёт, звёзды-то, как и тысячи лет назад, висят на небе. Должен кто-то думать о них в этой стране?... И Россия — 30 это не только экономика да политика. Это и мистика, и одиночество, и Петербург, и реки, и вечный поиск Бога, человек и его душа. А я и мои коллеги работаем над тем, чтобы человек не забывал, что главная его политика — десять заповедей. 35

К. *Вы верите в бога? Ваши песни всё больше становятся молитвами, покаянием.*

— Я чувствую его. А до покаяния мне далеко. И я чувствую нужность того, что делаю. На наших концертах полные залы. 40 Думаю, что рано или поздно я уйду из рок-музыки. Но пока это невозможно. Музыка всё во мне ставит на свои места. Музыка помогает мне не сойти с ума. Иногда, честное слово, чувствую необ- 45 ходимость концерта, необходимость высказаться, потому что уже всё ... иначе разорвёт.

К. *Какие у Вас планы на будущее?*

— Группа у нас — все прекрасные ребята. 50

Просто молодцы. Теперь работаем в студии над новой песней. Мы хотим научиться издавать и продавать наши пластинки. Финансовый успех тоже нужен. Сейчас все окончательно поняли, что никто никому не поможет, и начали действовать сами. И мы тоже. И я бегаю, где надо, стучу кулаком, пью кофе ... И у многих получается. Смотрите: делаются новые спектакли, снимается новое кино, даются концерты.

К. А как Ваш сын относится к рок-н-роллу?
— Танцует понемногу, для него рок-н-ролл — радость. Мой рок-н-ролл гораздо тяжелее. Рок-н-ролл — образная музыка, много говорящая об этом времени. Но каждый должен делать в жизни то, что ему суждено. Мне суждено, наверное, петь. И я должен делать это хорошо.

По газете *Московские новости*, № 10, 1993 г.

4 **сомни́тельный** fragwürdig – **вре́дный** gefährlich, schädlich – 5 **передава́ть/переда́ть (переда́м, переда́шь, переда́ст, передади́м, передади́те, передаду́т)** senden; überreichen – °**пото́к** Strom – 11 **руководи́тель** *(m.)* Leiter – 24 **удиви́тельный** bewundernswert – 27 **звезда́** *(Gen. Pl.* **звёзд)** Stern – 31 **одино́чество** Einsamkeit – 32 **ве́чный** ewig – °**по́иск** Suche – 33 **душа́** Seele – 35 °**за́поведь** *(f.)* Gebot – 37 **моли́тва** Gebet – °**покая́ние** reuevolles Geständnis – 39 °**ну́жность** *(f.; umg.)* Notwendigkeit – 43 °**ста́вить на своё ме́сто** zurechtweisen – 44 °**сойти́ с ума́** verrückt werden – 45 **необходи́мость** *(f.)* Notwendigkeit – 46 **выска́зываться/вы́сказаться (вы́скажусь, -ешься)** seine Meinung sagen – 47 **ина́че** sonst – 48 °**разрыва́ть/разорва́ть** in Stücke reißen – 53 **издава́ть/изда́ть** herausgeben, veröffentlichen – **пласти́нка** Schallplatte – 56 **де́йствовать** *(uv.)* handeln – 57 **стуча́ть** *(uv.)* pochen, klopfen – 58 **кула́к** Faust – 60 **снима́ть/снять (сниму́, сни́мешь)** aufnehmen – 65 °**гора́здо** bedeutend – 66 **о́бразный** bildhaft – 69 °**мне суждено́** es ist mir bestimmt

Aufgaben zur Sprache

1. Stellen Sie aus dem Text ein Wortfeld zu dem Begriff музыка zusammen. Ordnen Sie in einer Tabelle nach Verben, Substantiven und Adjektiven.
2. Ersetzen Sie die kursivgedruckten Substantive durch verbale Konstruktionen und verändern Sie die Satzstruktur entsprechend.
   a) Z. 1 *Увлечение* рок-музыкой в России началось в шестидесятых годах.
   b) Z. 11 *Руководитель* группы Юрий Шевчук.
   c) Z. 20 *Беседа* корреспондента газеты „Московские новости" с Юрием Шевчуком.
   d) Z. 45 Чувствую *необходимость* концерта, *необходимость* высказаться.
   e) Z. 64 Для него рок-н-ролл — *радость*.
3. Suchen Sie im Text von Substantiven abgeleitete Adjektive und nennen Sie das zugrundeliegende Substantiv.
4. Übersetzen Sie Z. 36 – Z. 44.

Вопросы и задания

1. Какое официальное мнение о рок-музыке было в России до перестройки?
2. Как изменилась ситуация с рок-музыкой в последнее время?
3. Что вы узнали из текста о руководителе группы „ДДТ"?
4. Какое мнение у Юрия о положении в стране и о России?
5. Какую роль играет музыка в жизни Юрия?
6. Как приходится действовать Юрию, чтобы организовать работу группы?
7. Какую рок-музыку вы любите? Какие группы популярны в вашей стране?

джаз-рок, попмузыка, битлз, рок-н-ролл, хард-рок, хэви метал рок ...

9. Илья Ефимович Репин (1844—1930)

Илья Ефимович Репин родился на Украине в городе Чугуеве, который находится недалеко от Харькова. Семья Репиных жила бедно. Отец много времени проводил на военной службе. Когда Илье было скучно, он вместе с сестрой вырезал разные фигуры и клеил их на окно. Ему нравилось, когда прохожие останавливались и рассматривали эти фигуры. Однажды двоюродный брат подарил ему акварельные краски и кисточку. С тех пор всё своё свободное время Илья рисовал. Скоро у него появились даже первые заказы. Подруги его сестры просили нарисовать им цветы для украшения сумочек.

Проучившись несколько лет в военной топографической школе, он начал работать в мастерской чугуевского иконописца. Здесь он получил свои первые уроки живописи и стал хорошим портретистом и иконописцем. После работы он всё свободное время рисовал или копировал рисунки из журналов. У него появилась мечта поехать в Петербург и поступить в Академию художеств. Но для этого нужны были деньги. Неожиданно ему удалось получить гонорар, 100 рублей, за реставрацию церкви. Полный надежд, 19-летний Репин отправился в Петербург. Это было в 1863 году.

В этом же году группа выпускников Академии художеств отказалась писать конкурсную работу на мифологический сюжет. Эта группа выпускников хотела писать картины о жизни народа, о России. Не получив на это разрешение, группа покинула Академию и организовала артель свободных художников. Артель стала основой Товарищества передвижных выставок. Художников артели стали называть передвижниками.

В Академию художеств Репина не приняли, сказав: „Ну, Вам ещё далеко до академии!…" Репин поступил в Рисовальную школу. За короткий срок молодой художник добился отличных результатов и был принят в Академию.

Однажды в ателье, где он работал, вошёл неизвестный человек и стал наблюдать за работой. Этот неожиданный гость был богатый московский фабрикант Павел Михайлович Третьяков. Часть своего капитала он тратил на покупку картин русских художников. Третьяков и Репин подружились. Третьяков часто советовался с Репиным при покупке картин для своей галереи. Позже эта галерея стала называться Третьяковской галереей.

Лето 1878 года Репин провёл в доме мецената Мамонтова под Москвой. В доме этого любителя искусства царила дружеская и творческая атмосфера. Однажды за чаем один из гостей рассказал об истории письма запорожских казаков. Турецкий султан, Мухамед IV, в 1675 году прислал запорожцам ультиматум. В этом письме султан называл себя братом Солнца и Луны, повелителем всех королей и королевств. Он призывал казаков принять мусульманскую веру. В своём ответе казаки высмеяли заносчивость султана. Самобытный народный юмор в ответе казаков развеселил Репина. Он восхищался этим письмом, и у него родилась идея написать картину на эту тему. Одиннадцать лет работал художник над этой картиной. На картине он изобразил не только силу казаков, но и их сплочённость, их оптимизм и уверенность в себе.

В 1878 году Репин поступил в Товарищество передвижников. Почти тридцать лет на передвижных выставках появлялись его картины. Особенно взволновали публику картины „Крестный ход в Курской губернии" и „Иван Грозный и его сын Иван". Репин писал картины не только бытового исторического жанра, но был и знаменитым портретистом. Им создано около 300 портретов. Картины Репина находятся во многих художественных музеях России.

Лидия Смирнова

Запорожские казаки пишут письмо турецкому султану (фрагмент)

5 **военная служба** Militärdienst – 6 °**вырезать** *(uv.)* ausschneiden – 7 °**клеить/наклеить** kleben – 8 **прохожий** Vorübergehender – 11 °**кисточка** (*Dim. von* кисть) Pinselchen – 13 **заказ** Auftrag, Bestellung – 15 °**украшение** Schmuck, Zierde – 17 °**топографический** topografisch, vermessungs- – 18 °**иконописец** Ikonenmaler – 20 **живопись** *(f.)* Malerei – 25 °**Академия художеств** Akademie der Künste – 37 °**покидать/покинуть** verlassen – °**артель** *(f.)* Genossenschaft – 39 °**передвижные выставки** Wanderausstellungen – 56 **советоваться/посоветоваться с кем** sich beraten – 61 °**меценат** Mäzen – 62 °**царить** *(uv.)* herrschen – 66 **турецкий** türkisch – 69 °**повелитель** *(m.)* Herrscher – 70 °**призывать/ призвать** aufrufen – 71 **принимать/принять (приму, примешь) веру** einen Glauben annehmen – 73 °**самобытный** eigenständig – 74 **восхищаться/восхититься чем** sich begeistern über – 79 °**сплочённость** *(f.)* Geschlossenheit, Einigkeit – 80 **уверенность в себе** Selbstbewußtsein – 85 °„**Крёстный ход в Курской губернии**" „Prozession im Kursker Gouvernement" – 88 °**бытовой жанр** Darstellung des Alltagslebens

Aufgaben zur Sprache

1. Bestimmen Sie die kursivgedruckte Wortform und ersetzen Sie sie durch eine synonyme syntaktische Konstruktion.
   a) Z. 5 Илье *было скучно*
   b) Z. 16 *Проучившись* несколько лет в военной топографической школе
   c) Z. 36 Не *получив* на это разрешение
   d) Z. 45 Молодой художник *был принят* в академию
   e) Z. 89 Им *создано* около 300 портретов
2. Stellen Sie aus dem Text ein Wortfeld художник zusammen. Gliedern Sie nach Substantiven, Verben, und Adjektiven.
3. Schreiben Sie aus dem Text alle Fremdwörter heraus.
4. Übersetzen Sie Z. 73–80.

Вопросы и задания

1. Найдите заглавие к каждому абзацу текста.
2. Что вы узнали о первых уроках живописи и о мечте молодого художника?
3. Какое событие произошло в русской живописи в 1863 году?
4. Как приняли Репина в Академии художеств?
5. Где познакомился Илья Репин с господином Третьяковым?
6. Что вы знаете о Павле Михайловиче Третьякове и его галерее?
7. Как у Репина родилась идея написать картину о запорожских казаках?
8. Любите ли вы живопись? Какой вид живописи вам нравится? (абстрактная, жанровая, натюрморт, пейзаж, портрет).
9. Опишите картину Репина „Запорожские казаки пишут письмо турецкому султану" (стр. 95). Используйте слова в рамке.

работать над картиной	турецкий султан
в центре картины	присылать/прислать ультиматум
слева/справа от + Gen.	требовать подчиняться/подчиниться
художник изобразил	писать/написать ответ
	писарь
картина написана (акварельными красками, маслеными красками, карандашом)	сидеть, стоять
	смеющиеся люди
	сила казаков
мы видим (на переднем плане, на заднем плане, в центре картины)	оптимизм
	уверенность в себе

10. „Я никогда не забуду…"

Марк Шагал (1887—1985) родился в посёлке Лиозно, недалеко от Витебска. Учился в Петербурге и в Париже. С 1917 по 1923 год руководил школой искусства в Витебске. В 1923 году эмигрировал сначала в Берлин, потом в Париж.

Художник из Витебска, Марк Шагал, прожил сложную жизнь. За восемьдесят лет работы в его искусстве менялось многое: темы, приёмы, жанры. Но он всегда сохранял поразительную особенность „видеть мир особыми глазами, как будто только что родился".

Юность художника, родившегося в бедной еврейской семье, была трудной, признание пришло не сразу. Но потом он вдруг вихрем ворвался в искусство России, а затем Европы и всего мира. Это произошло с быстротой и лёгкостью, как в этом счастливом полёте влюблённых в картине „Над городом". Свобода и полёт были для художника синонимами. Его работы российского периода показывают смятенный, встревоженный, полный ожидания мир.

При всей фантазии полотна Шагала логичны, близки к фольклору. Например, в „Зелёном скрипаче" в центре картины — музыкант, а вокруг него всё, о чём он мечтает, с чем связаны образы его музыки. Это и родная улица, и близкие люди, и милый сердцу пейзаж. При этом главное для художника — выразить вечные категории: рождение, смерть, любовь. В картинах Шагала много шума, веселья, острых парадоксов. Персонажи его картин часто летают. Они плывут над местами, родными для художника. В своих письмах он часто вспоминает о родине: „Я думаю о Вас, о родине. Я часто вспоминаю мой город, и он на всех моих картинах."

Марк Шагал оставался верным тому кругу тем и образов, которые сложились у него, в тихом мещанском белорусском городке Витебске. Но это не сделало мастера провинциальным. Картинами Шагала гордятся крупнейшие музеи мира. Его витражи украшают здание ООН, а фрески „Источники музыки" сделали выдающимся памятником искусства стены Нью-Йоркской Метрополитеноперы.

По журналу *Спутник*, № 12, 1985 г.

8 °**порази́тельный** erstaunlich, ungewöhnlich – **осо́бенность** *(f.)* Besonderheit – 12 °**евре́йский** jüdisch – **призна́ние** Anerkennung – 14 °**вихрь** *(m.)* Wirbel – °**врыва́ться/ворва́ться** durchbrechen – 17 **влюблённый** verliebt – 21 °**смятённый** verwirrt, bestürzt – °**встрево́женный** beunruhigt, aufgeregt – **ожида́ние** Erwartung – 23 **полотно́** Leinwand – 25 **скрипа́ч** Geiger – 27 **о́браз** Bild, Gestalt – 30 **выража́ть/вы́разить (вы́ражу, вы́разишь)** ausdrücken – 42 °**меща́нский** kleinbürgerlich, spießig – 45 **горди́ться** *(uv.)* **(горжу́сь, горди́шься) чем** stolz sein auf – 46 °**витра́ж** Buntglasfenster – 47 °**исто́чник** Quelle

Aufgaben zur Sprache

1. Benennen Sie den jeweiligen Aspekt und begründen Sie aus dem Zusammenhang die Aspektwahl. Nennen Sie das jeweilige Aspektpaar im Infinitiv.
   a) Z. 8 сохранял
   b) Z. 20 показывают
   c) Z. 41 сложились
   d) Z. 14 ворвался
   e) Z. 40 оставался
   f) Z. 46 украшают
2. Finden Sie im Text alle von Verben abgeleiteten Substantive und nennen Sie das jeweilige Verb.

Опишите картину М. Шагала „Над городом" (фрагмент), 1917 г. Что изобразил художник на переднем плане/на заднем плане картины?
Какое впечатление производит на вас эта картина?

Вопросы и задания

1. Где родился и провёл юношеские годы Марк Шагал?
2. Какие черты характерны для творчества М. Шагала российского периода?
3. Что изобразил художник на картине „Зелёный скрипач"?
4. Что общего во всех картинах М. Шагала?
5. Как М. Шагал относится к своей родине?
6. Приведите примеры популярности творчества М. Шагала.

6. Дом, в котором мы живём

1. Охрана природы в XI веке

Сегодня слово экология у всех на устах. А ещё недавно его знали только специалисты. Но было бы ошибочно думать, что экология, как наука, родилась в XX веке. Это такая же древняя наука, как астрономия, физика, география.

Первым законом охраны животных на Руси была „Русская правда". Этот закон издал Ярослав Мудрый — киевский князь, правивший в XI веке. Речь шла об охране бобров. Шкурка этого зверя была очень дорогая и стоила дороже двух коров. Чтобы бобров не уничтожали, были установлены правила охоты на них. За нарушение этих правил брали штраф. Сумма штрафа была 600 граммов серебра.

По материалам журнала *Русский язык за рубежом*, № 1, 1986 г.

°охрáна Schutz – 1 °у всех на устáх in aller Munde – 9 °князь (*m.*) Fürst – 10 °прáвить (*uv.*) regieren – 11 бобр Biber – °шкýрка (*Dim. v.* шкýра) Fell – 13 уничтожáть/уничтóжить vernichten – 14 охóта Jagd – 15 °нарушéние Verstoß – 16 серебрó Silber

Aufgaben zur Sprache

1. Nennen Sie mindestens 2 Wörter derselben Wortfamilie.
   a) охрана, b) Z. 3 ошибочно, c) Z. 10 правивший, d) Z. 2 знать.
2. Ersetzen Sie das Verb durch ein Substantiv und verändern Sie die Konstruktion entsprechend.
   a) Z. 4 экология родилась, b) Z. 8 закон издал, c) Z. 13 бобров уничтожали, d) Z. 14 правила установлены.
3. Benennen Sie den jeweiligen Aspekt und begründen Sie aus dem Textzusammenhang die Aspektwahl.
   a) Z. 2 знали, b) Z. 4 родилась, c) Z. 9 издал, d) Z. 13 уничтожали.
4. Nennen Sie die Antonyme.
   a) Z. 2 ещё недавно, b) Z. 5 древняя наука, c) Z. 7 первый закон, d) Z. 11 очень дорогая.

Вопросы и задания

1. Когда появилась экология как наука?
2. Почему на Руси был издан первый закон об охране животных?
3. Как наказывали нарушителей правил охоты на бобров?

2. Экология в годы Советской власти

Проблемы окружающей среды были в годы Советской власти не самыми главными. Читая советскую прессу тех лет, можно было даже подумать, что их вообще не было. Государство мало говорило о проблемах окружающей среды. Если эти проблемы становились очевидны, то о них просто ничего не говорили. Главное для правительства было создавать оптимистическое настроение, говорить об успехах „завоевания" природы.

Повернём реки вспять.
Мирный атом на службе у человека.
Слава покорителям целины.
Слава покорителям космоса.
Атомная энергия – самая мирная энергия.
Всем классом на кукурузный фронт.
Человек – покоритель природы.

°покори́тель *(m.)* Eroberer – °целина́ Neuland – °повора́чивать/поверну́ть wenden – °вспять rückwärts – °сла́ва Ruhm, Ehre – °кукуру́за Mais

Вопросы и задания

1. Переведите эти лозунги.
2. Найдите слова, которые характеризуют отношение человека к природе. Какое это отношение?
3. Что говорится об атомной энергии?
4. Какой можно сделать вывод из этих лозунгов?
5. Как вы думаете, почему люди в России мало задумывались о проблемах экологии?
6. Почему экологическая проблема становится очень важной для людей?

3. Речка

Жила-была речка,
играла серебром.
И в ней плескалась рыба,
пока не грянул гром.
5 Она была прозрачна,
прохладна и чиста.
Она была наивна,
как здешние места.

Жила-была речка,
10 но вот пришла беда.
Наехали туристы
в какой-то день сюда,
поставили палатки,
помыли „Жигули",
15 кидали банки, склянки,
резвились как могли.

Речка, речка, речка,
какая чистота.
Речка, речка, речка, какая красота.

Жила-была речка 20
да высохла до дна.
Любителей природы
не вынесла она.
Теперь не приезжают
сюда на выходной, 25
другие ищут речки,
да нету ни одной

Речка, речка, речка,
какая пустота.
Речка, речка, речка, какая красота. 30

Мелодия, 1983 г.

3 °плеска́ться *(uv.)* planschen – 4 °гря́нул гром *hier:* es geschah etwas – 5 прозра́чный durchsichtig – 6 прохла́дный kühl, frisch – 8 зде́шний *(umg.)* hiesig – 13 пала́тка Zelt – 14 °„Жигули́" Autotyp – 15 °кида́ть/ки́нуть wegwerfen – °ба́нка Büchse – °скля́нка Glasfläschchen – 16 °резви́ться/порезви́ться s. tummeln – 21 °высыха́ть/вы́сохнуть austrocknen – °дно Boden, Grund – 23 выноси́ть/вы́нести *hier:* aushalten – 25 выходно́й (arbeits)freier Tag

Aufgaben zur Sprache

1. Schreiben Sie aus dem Text alle Adjektive in der Kurzform heraus.
2. Suchen Sie im Text Sätze mit Verneinung und übersetzen Sie diese Sätze.
3. Suchen Sie im Text Bewegungsverben. Erklären Sie die Bedeutung der Präfixe. Nennen Sie andere Verben der Bewegung.

Вопросы и задания

1. Передайте содержание песни на немецком языке.
2. Как выглядела речка до приезда туристов?
3. Как вели себя туристы, приехавшие на отдых?
4. Кто виноват, по мнению автора песни, что речка высохла?

Экологические проблемы становятся всё более очевидны. Часть Аральского моря превратилась в пустыню. Прочитайте и опишите, что вы видите на марке.

4. Месяц лжи

На территории России находится много устаревших атомных электростанций. Одна из них в Чернобыле. 26 апреля 1986 года там произошла величайшая технологическая катастрофа. Произошёл взрыв. Реактор был разрушен. Это привело к выбросу радиации. Приборы на западе уже несколько дней показывали повышенную радиацию, а правительство в Москве всё молчало.

Добрый вечер, товарищи!
Все вы знаете, недавно нас постигла беда — авария на Чернобыльской атомной электростанции. Она больно затронула советских людей, взволновала международную общественность. Мы впервые реально столкнулись с такой грозной силой, как ядерная энергия, вышедшая из-под контроля.

Серьёзность обстановки была очевидной. Надо было срочно и компетентно оценить её. И как только мы получили надёжную информацию, она стала достоянием советских людей, была направлена правительствам зарубежных стран.

Учитывая чрезвычайный и опасный характер того, что произошло в Чернобыле, Политбюро взяло в свои руки всю организацию работы по быстрейшей ликвидации аварии.

Работа ведётся круглосуточно. В районе аварии работают ведущие учёные и специалисты, Войсковые части Армии и подразделения Министерства внутренних дел. Наипервейший долг — обеспечение безопасности населения, оказание эффективной помощи пострадавшим.

Из выступления М. С. Горбачёва по советскому телевидению. По материалам газеты *Правда*, 15 Мая 1986 г.

По данным Госкомгидромета СССР в течение 10 мая уровень радиации составляет в 60 километрах от АЭС 0,33 миллирентгена в час, что совершенно безопасно для здоровья людей.

Из сообщения Совета Министров СССР, журнал *Практика*, № 3, 1988 г.

Обстановка постепенно улучшается: каждые сутки уровень радиации снижается на 5%. Однако до нормы ещё далеко. Мы не

только ликвидируем очаги радиации, но и ведём работы по всей территории станции. Начинаем подготовку к нормальной эксплуатации первого и второго блоков.
45 В этом году пустим их обязательно.

Из беседы заместителя Председателя Совета Министров СССР Л. Воронина с корреспондентами газеты *Правда*, 26 мая 1986 г.

°ложь (*f.*; *Gen.* лжи) Lüge – 1 °устаре́вший veraltet – 2 велича́йший größter – 3 °взрыв Explosion – разру́шен zerstört – °вы́брос Ausströmen – 7 °постига́ть/пости́гнуть treffen, heimsuchen – 9 затра́гивать/затро́нуть berühren – 12 °ста́лкиваться/столкну́ться zusammenstoßen – °гро́зный schrecklich, drohend – 13 °я́дерный Kern-, Atom- – 18 надёжный zuverlässig – °достоя́ние Eigentum – 21 чрезвыча́йный außerordentlich – 26 °круглосу́точно Tag und Nacht dauernd – 27 °веду́щий führend – 29 °Министе́рство вну́тренних дел Ministerium für innere Angeleg. – 32 °пострада́вшие Opfer, Geschädigte – 33 °Госкомгидромет Staatliches Komitee für Hydrometeorologie – 34 у́ровень (*m.*) Niveau, Stand – 41 °оча́г *hier:* Zentrum – 44 °эксплуата́ция Betrieb – 45 пуска́ть/пусти́ть *hier:* in Betrieb setzen

Aufgaben zur Sprache

1. Behaupten Sie das Gegenteil, bilden Sie die doppelte Verneinung.
   a) Z. 7 все вы знаете
   b) Z. 12 столкнулись с такой грозной силой
   c) Z. 22 что произошло в Чернобыле
   d) Z. 42 ведём работы по всей территории
2. Bestimmen Sie die kursivgedruckte Wortform. Ersetzen Sie die kursivgedruckte Wortform durch eine synonyme syntaktische Konstruktion.
   a) Z. 13 энергия, *вышедшая* из-под контроля
   b) Z. 19 информация была *направлена*
   c) Z. 31 оказание помощи *пострадавшим*
3. Schreiben Sie die Ziffern in Worten.
   a) 0,33 миллирентгена
   b) снижается на 5%
   c) в 60 километрах
   d) 26 мая 1986 года

Вопросы и задания

1. Что можно сказать о степени опасности катастрофы на Чернобыльской АЭС из выступления М. С. Горбачёва?
2. Что говорится в выступлении о ликвидации аварии?
3. Какое сообщение было сделано от имени Совета Министров СССР 10 мая 1986 года?
4. Что говорит в интервью корреспондентам газеты *Правда* Л. Воронин об уровне радиации и о работах на территории АЭС?
5. Как вы считаете, почему этот текст называется „Месяц лжи"?
6. Назовите ещё примеры последствий научно-технического прогресса. Используйте выражения в рамке.

загрязне́ние море́й и океа́нов, атмосфе́ры и по́чвы Verschmutzung von Meeren und Ozeanen, der Atmosphäre und des Bodens	озо́новая дыра́ Ozonloch ки́слые дожди́ saurer Regen тепли́чный эффе́кт Treibhauseffekt

Работа по ликвидации последствий аварии длилась месяцы. Один из её методов: улицы, дома, автомобили обрабатывали водой, чтобы смыть радиацию.

5. В адрес Чернобыля

После аварии в Чернобыле многие люди писали письма в адрес катастрофы, в которых они выражали своё сочувствие пострадавшим и предлагали конкретную помощь.

Я хотел бы во время своего отпуска, в июне, поехать поработать безвозмездно на Чернобыльскую АЭС.... Имею специальность шофёра I-го класса. Смогу работать на автомашинах любых марок. Надеюсь, что буду полезен при ликвидации последствий аварии.

З. Тарасов

Наша семья готова принять пятерых ребят. Будем благодарны за доверие.

Ю. Аветисян из Цахкадзора (Армения)

Мы, пенсионерки из Алма-Аты Кафина Раиса и Токмачёва Мария, просим принять от нас скромный подарок — пусть он чем-то вам послужит. Это наволочки, полотенца, мыло, вата. Искренне переживаем за вас.

Алма-Ата, ул. Мечникова, 72, кв. 16

Как христиане, мы очень сострадаем людям, которые были в Чернобыле. Мы молимся об их здоровье, а также молимся за тех, кто отошёл в вечность. Ваше горе — наше горе. Мы исполнены сострадания. И не только мы, но и другие христиане Америки, понимающие эту беду. Мы все беспокоимся за безопасность людей, находившихся недалеко от места аварии.

Глава американской православной церкви, Архиепископ Феодосий
По материалам *Литературной газеты*, 04. 06. 86 г.

2 **сочу́вствие** Mitgefühl – 4 °**безвозме́здно** unentgeltlich – 7 **любо́й** beliebig – 8 **наде́яться** *(uv.)* hoffen – **поле́зен** nützlich – 9 °**после́дствие** Folge – 10 **принима́ть/приня́ть (приму́, при́мешь)** aufnehmen – **пя́теро** fünf – 11 **дове́рие** Vertrauen – 15 °**на́волочка** Kissenbezug – 16 **полоте́нце** Handtuch – **мы́ло** Seife – **и́скренне** aufrichtig – **пережива́ть/пережи́ть** *hier:* mitleiden – 18 °**христиа́не** Christen – **сострада́ть** *(uv.)* mitfühlen – 20 °**моли́ться** *(uv.)* beten – 21 °**отойти́** *(vo.)* **в ве́чность** *(lit.)* sterben – **го́ре** Unglück – 22 °**испо́лнен** *(lit.)* erfüllt – 25 **беспоко́иться** *(uv.)* s. Sorgen machen – °**безопа́сность** *(f.)* Sicherheit

Aufgaben zur Sprache

1. Erklären Sie den Gebrauch des Sammelzahlwortes пятеро.
   Nennen Sie andere Sammelzahlwörter.
2. a) Setzen Sie Z. 18 – Z. 26 in die Vergangenheit.
   b) Übersetzen Sie diese Zeilen.
3. Setzen Sie die Ausdrücke in den Singular.
   a) Z. 7   на автомашинах любых марок
   b) Z. 8   при ликвидации последствий
   c) Z. 11 будем благодарны
   d) Z. 18 как христиане
   e) Z. 18 сострадаем людям
4. Umschreiben Sie die folgenden Ausdrücke.
   a) Z. 4   поработать безвозмездно
   b) Z. 10 семья готова принять пятерых ребят
   c) Z. 14 скромный подарок
   d) Z. 21 отошёл в вечность
5. Nennen sie die Antonyme zu den kursivgedruckten Wörtern.
   a) Z. 8 буду *полезен*   b) Z. 14 *скромный* подарок   c) Z. 21 ваше *горе*
6. Nennen Sie das zugrundeliegende Verb.
   a) Z. 3   отпуск
   b) Z. 11 доверие
   c) Z. 22 сострадание
   d) Z. 8   ликвидация
   e) Z. 14 подарок

Вопросы и задания

1. Как реагировало население бывшего Советского Союза на катастрофу?
2. Какие виды помощи предлагали люди всех национальностей попавшим в беду?
3. О чём пишет глава Американской православной церкви в своём письме?
4. Что вы знаете о случаях помощи пострадавшим от чернобыльской катастрофы в вашей стране?

6. Мысли о Сибири

Валентин Григорьевич Распутин родился в селе Усть-Уде Иркутской области. В 1954 году он начал учиться на историкофилологическом факультете Иркутского университета. Писатель описывает во многих рассказах и повестях проблемы сибирской деревни и её жителей.

У нас, сибиряков, своё ощущение и расстояний и климата. Часто летая в Москву, я не могу привыкнуть, что середина моего пути в Омске. В моих представлениях всегда — до Омска рукой подать ... Я хочу сказать, что огромные просторы и постоянные климатические трудности сформировали характер сибиряка. Он воспринимает природу как часть своей души. И Сибирь тоже нуждается в человеке, который бы её любил и оставил здесь свой род. Это большая проблема для этого края.

На Сибирь принято смотреть, как на источник больших богатств. И поэтому важно, чтобы в Сибири жили не случай-

---

3 °повесть (f.) Novelle – 5 °сибиряк Sibirier – ощущение Empfinden – расстояние Entfernung – 8 представление Vorstellung – 9 °рукой подать (*umg.*) sehr nah – 10 °простор Weite – 12 °воспринимать/воспринять auffassen – 14 °нуждаться (*uv.*) brauchen – 16 род *hier*: Nachkommen – 17 °край Gebiet – 18 °принято es ist üblich – 19 °источник Quelle

ные люди, которые ищут лёгкой удачи, денег или романтических приключений.

Я много раз бывал на великих стройках, а всё не могу привыкнуть, что не по-сибирски на них хозяйничают. Там новенький грузовик разбили, там бульдозер на дороге оставили, там рубят сосну, где хватило бы ветку отрубить. А что касается рыбы в реках, ягодников в лесу — одно разорение. Почему так ведут себя ребята, хорошие работники? Да потому что в Сибири они — на время. Кто же будет пускать здесь корни, если десятилетиями надо жить в бараке, если школа в три смены, в кинотеатр не попасть, театра нет …

Думаю, было бы хорошо, если бы мы знали тех, кто спроектировал город Братск таким неуютным. Кто собрал в этом городе такой „Букет" предприятий, что на сто километров вокруг гибнет тайга. Кто превратил прекрасную речку Вихорёвку в сточную канаву.

В старину Сибирь называли колонией и хозяйничали в ней как в колонии. Ныне Сибирь не та, чем была она и сто, и пятьдесят, и даже тридцать лет назад. Но по привычке мы продолжаем считать, что на её просторах в её нетронутых лесах лежат богатства, которым никогда не будет конца. Но просторы сократились, нетронутых лесов не осталось. Экономисты говорят о пределе природных богатств. Особенно леса. В то же время миллионы кубов древесины гниют на берегах рек, а треть древесины сжигается в лесу.

Конечно, проблемы экологии не существуют изолированно. Они связаны с проблемами экономическими и нравственными. Сейчас пришло время, когда нужна массовая работа по экологическому воспитанию человека, где бы он ни жил и чем бы он ни занимался.

Представления о богатствах меняются. Вчера это были золото и меха, сегодня дороже золота стали нефть и уголь. Завтра … даже и не завтра, а сегодня нет ничего важней пресной воды. В некоторых странах Ближнего Востока литр воды в два — три раза дороже литра нефти. К счастью, нам эти беды неизвестны. У нас ещё есть и чистые северные реки, и озеро Байкал.

Летом я проехал Сибирь с юга на север. Я убедился, что если бы нам удалось на нынешнем уровне чистоты сохранить в Сибири её воздух, воду и землю, то наше богатство будет оцениваться не рублями, не валютой, а самой жизнью.

По газете *Известия*, № 307, 1985 г.

21 °**уда́ча** Glück – 22 **приключе́ние** Abenteuer – 25 °**хозя́йничать** *(uv.)* wirtschaften – 26 °**бульдо́зер** Planierraupe – 27 °**руби́ть** *(uv.)* fällen – 28 **ве́тка** Ast – 29 °**каса́ться** *(uv.)* hier: angehen – °**я́годник** Beerenstelle – 30 °**разоре́ние** Verwüstung – 32 **на вре́мя** zeitweilig – 33 °**пуска́ть ко́рни** Wurzeln schlagen, *hier:* bleiben – 35 °**сме́на** Schicht – 36 **попада́ть/попа́сть** *hier:* reinkommen – 39 **неую́тный** ungemütlich – 40 **предприя́тие** Betrieb – 41 °**ги́бнуть/поги́бнуть** zugrunde gehen – 42 °**превраща́ть/преврати́ть** verwandeln – 43 °**сто́чная кана́ва** Abwässergosse – 47 **по привы́чке** aus Gewohnheit – 49 **нетро́нутый** unberührt – 51 °**сокраща́ться/сократи́ться** kleiner werden – 53 °**преде́л** Grenze – 55 °**древеси́на** Nutzholz – °**гнить** *(uv.)* verfaulen – 56 °**сжига́ть/сжечь** verbrennen – 59 **нра́вственный** moralisch – 65 **мех** (*Pl.* меха́) Pelz – 66 **нефть** *(f.)* Öl – **у́голь** *(m.)* Kohle – 68 °**пре́сная вода́** Süßwasser – 75 **убежда́ться/убеди́ться** s. überzeugen – 76 **ны́нешний у́ровень** *(m.)* heutiger Stand – 78 **оце́ниваться** *(uv.)* geschätzt werden

Aufgaben zur Sprache

1. Ersetzen Sie die kursivgedruckten Substantive durch verbale Konstruktion.
   a) Z. 5 у нас своё *ощущение*
   b) Z. 8 в моих *представлениях* до Омска — рукой подать
   c) Z. 61 экологическое *воспитание* человека

2. Fügen Sie in die Sätze jeweils ein passendes Verb ein.
   a) Z. 7   середина моего пути в Омске
   b) Z. 32 в Сибири они — на время
   c) Z. 35 школа в три смены
3. Erläutern sie die Aussagen aus dem Zusammenhang des Textes.
   a) Z. 20 чтобы в Сибири жили не случайные люди
   b) Z. 24 не по-сибирски на них хозяйничают
   c) Z. 30 одно разорение
   d) Z. 33 пускать здесь корни
   e) Z. 40 такой „Букет" предприятий
   f) Z. 51 нетронутых лесов не осталось

Вопросы и задания

1. Чем привлекает к себе внимание Сибирь?
2. Как сибиряки ощущают расстояние?
3. Какие факторы влияют на формирование характера сибиряков?
4. Как воспринимают сибиряки природу?
5. В каких людях нуждается Сибирь?
6. Что часто приходилось наблюдать Распутину на великих стройках?
7. Как объясняет В. Распутин поведение многих жителей?
8. Как влияет экономическая деятельность человека на природу Сибири?
9. Почему экономисты говорят о пределе народных богатств?
10. Как меняются представления о богатствах Сибири?
11. В чём убедился В. Распутин во время своего путешествия по Сибири?

7. Зелёный мир

За последние годы люди в России узнали много нового о проблемах окружающей среды. Это постепенно меняет их сознание и делает их более критическими и инициативными.

Жизнь всего населения России находится сегодня под угрозой из-за недопустимого состояния окружающей среды. Две трети населения живут в крупнейших городах, загрязнение воздуха которых в десять раз больше допустимой нормы.

Воды рек и озёр также загрязнены. Качество питьевой воды во многих местах поэтому плохое.

Медики встревожены тем, что за последние годы повысилась детская смертность, что половина детей школьного возраста нездорова.

Встревожены не только медики. Миллионы энтузиастов, выступающих в защиту природы, беспокоятся за судьбу Каспийского и Чёрного морей, озера Байкал и Ладожского озера, за судьбу Тайги.

В июне 1987 года эти энтузиасты объединились в группу „Зелёный мир". Руководителем этой группы стал русский писатель Сергей Залыгин. Благодаря усилиям Залыгина и группы его единомышленников, была прекращена работа над проектом „Поворот течения северных рек на юг".

Группа „Зелёный мир" надеется на тесное сотрудничество в будущем с интернациональной организацией „Гринпис".

Людмила Смирнова

3 **население** Bevölkerung – 4 °**угроза** Bedrohung – °**недопустимый** unzulässig – 5 **состояние** Zustand – °**окружающая среда** Umwelt – 12 °**встревоженный** beunruhigt – 13 **повышаться/повыситься** s. erhöhen – °**смертность** (f.) Sterblichkeit – 22 °**объединяться/объединиться** s. vereinigen – 26 °**единомышленник** Gleichgesinnter – 27 °**прекращать/прекратить** aufgeben, beenden – 28 °**поворот течения** Flußumleitung – 30 **тесный** eng – 31 °**сотрудничество** Mitarbeit

Озеро Байкал — самое глубокое и большое озеро мира. Индустрия и Транссибирская магистраль загрязняют воду и воздух. Это ведёт к протестам населения. Прочитайте, что написано на плакатах демонстрантов.

Aufgaben zur Sprache

1. Bestimmen Sie die kursivgedruckte Wortform. Ersetzen Sie die kursivgedruckte Form durch eine synonyme syntaktische Konstruktion.
   a) Z. 1 *окружающая* среда
   b) Z. 12 медики *встревожены*
   c) Z. 17 энтузиастов, *выступающих в защиту*
   d) Z. 27 была *прекращена* работа
3. Übersetzen Sie Zeilen 22—32.
4. Setzen Sie die Ausdrücke in den Singular.
   a) Z. 5 *две трети*
   b) Z. 6 в *крупнейших городах*, загрязнение *которых*
   c) Z. 9 *воды рек и озёр*
   d) Z. 12 за *последние годы*
   e) Z. 22 *эти энтузиасты*
   f) Z. 25 благодаря *усилиям*
   g) Z. 28 поворот *северных рек*

Вопросы и задания

1. Как относились русские к вопросам экологии раньше?
2. Как относятся они к экологическим проблемам сейчас?
3. Как сказывается загрязнение окружающей среды на здоровье людей?
4. Когда была создана группа „Зелёный мир"?
5. Какое значение может иметь сотрудничество группы „Зелёный мир" с другими интернациональными организациями?

7 Жить без иллюзий

1. Экономика в первые годы Советской власти

Первая мировая война, затем гражданская война и военная интервенция почти полностью дестабилизировали экономику России. Экономические эксперименты правительства в первые годы Советской власти, в годы военного коммунизма, усилили дестабилизацию экономической системы и инфляцию. Во время военного коммунизма в стране национализировали банки и промышленные предприятия. Советские экономисты хотели организовать безденежное народное хозяйство, то есть ликвидировать деньги. Но конкретная ситуация того времени показала, что сделать это невозможно.

Всего на территории России в годы гражданской войны и военной интервенции было приблизительно 200 видов денежных знаков. Это были денежные знаки царской России, деньги Российской республики, деньги суверенных советских республик, денежные знаки Белой армии, деньги интервенционных армий и многие другие денежные знаки. Такое большое количество денежных знаков привело к распаду единой денежной системы.

В 1921 году стало ясно, что „социалистический эксперимент" России обанкротился. Коммунистическая партия начала „новую экономическую политику" (нэп). Снова разрешили частную торговлю, небольшие капиталистические предприятия. В 1922 – 1924 годах провели денежную реформу, результатом которой стал конвертируемый рубль — золотой червонец. Советское государство приглашает в страну западные фирмы, даёт им

Что хочет сказать автор этой карикатурой?

концессии. Результатом такой политики стало быстрое восстановление промышленности и сельского хозяйства.

Когда финансовая система стабилизировалась, предприятия государственного сектора стали переходить на систему самофинансирования — на хозрасчёт. В 1925 году один золотой червонец уже был равен 5 долларам 14 центам. Появилось большое количество государственных, региональных банков и особенно банков и акционерных обществ с иностранным капиталом.

Советская власть Sowjetmacht – 1 **гражданская война** Bürgerkrieg – 3 **экономика** Wirtschaft, Ökonomie – 6 **военный коммунизм** Kriegskommunismus – °**усиливать/усилить** verstärken – 10 **промышленность** *(f.)*, **промышленный** Industrie, industriell – 12 **хозяйство** Wirtschaft – 18 **денежный знак** Geldwertzeichen – 26 °**распад** Zerfall – **единый** einheitlich – 31 °**торговля** Handel – 33 **предприятие** Unternehmen – 35 °**золотой червонец** Goldrubel – 39 **восстановление** Aufbau – 40 **сельское хозяйство** Landwirtschaft – 49 °**акционерное общество** Aktiengesellschaft

В ноябре 1927 года на праздновании десятилетия Октябрьской революции Сталин выдвинул программу построения социализма, главными целями которой были радикальная коллективизация сельского хозяйства и построение мощной промышленности. 1 октября 1928 года началась первая пятилетка. Эта дата стала началом планового хозяйства в СССР. В конце 1929 года Сталин официально объявил об окончании нэпа.

Дина Гаврилова

53 °выдвига́ть/вы́двинуть *hier:* aufstellen – 56 °мо́щный mächtig – 58 °пятиле́тка Fünfjahrplan

Aufgaben zur Sprache

1. Schreiben Sie aus dem Text alle Fremdwörter heraus. Vergleichen Sie sie mit deutschen (englischen) Äquivalenten.
2. Von welchen Wörtern sind die folgenden Adjektive abgeleitet: Мировой, военный, советский, денежный, золотой, западный, политический, сельский, мощный, пятилетний?
3. Suchen Sie im Text Substantive mit der Endung -ание und -ение und bestimmen Sie, von welchen Verben sie abgeleitet sind.
4. Nennen Sie alle Substantive, die zum Wortfeld экономика gehören.
5. Übersetzen Sie den dritten Absatz ins Deutsche.

Вопросы и задания

1. В результате чего экономика России была дестабилизирована?
2. В какой исторический период национализировали банки и предприятия?
3. Какая цель была у экономистов в тот период?
4. Почему произошёл распад денежной системы?
5. Какова была причина перехода к нэпу?
6. Какие реформы провели в первые годы нэпа и каков был их результат?
7. Что говорится в тексте о банках?
8. Сколько лет продолжался период нэпа?
9. Какие экономические планы выдвинула партия в конце нэпа?
10. Каким стало народное хозяйство после периода нэпа?
11. Придумайте название к каждому абзацу текста.
12. Какие исторические события и исторические периоды в жизни России называются в тексте? В какое время они происходили? Что вы ещё знаете о них?

2. Промышленность России 20-х начала 30-х годов

В 1924 году ситуация в промышленности была катастрофической: не хватало капитала для восстановления и создания промышленности, не было квалифицированных рабочих и инженеров, не хватало сырья и электроэнергии. Россия нуждалась в помощи Запада. В 1921 году, в самом начале нэпа, российское правительство решает предложить Западу промышленные концессии и концессии на добычу полезных ископаемых.

В начале 20-х годов положение в Западной Европе было тяжёлым: политические, экономические и социальные структуры общества изменились, во многих странах была большая безработица, миллионы безработных. Особенно катастрофическим было экономическое положение в Германии.

Поэтому многие западные фирмы охотно берут концессии в России и начинают восстанавливать её индустрию. Например, немецкие фирмы Крупп, АЭГ, Сименс, машино- и вагоностроительные фабрики, экспортируя свою продукцию в Россию, смогли сохранить большое количество рабочих мест. Большие группы инженеров, конструкторов и квалифицированных рабочих едут на работу в СССР. Техники фирмы Крупп учат советских рабочих производить высококачественные сорта стали, дизельные моторы производят в России под руководством немецких специалистов.

Несмотря на отсутствие дипломатических отношений, американские промышленники также сотрудничают с СССР. Американские фирмы получают концессии на добычу золота на Дальнем Востоке, на добычу нефти, дают СССР большие кредиты, экспортируют промышленное оборудование.

Россия была в то время аграрной страной, 80% её населения занималось сельским хозяйством. Стране нужна была также помощь и для восстановления сельского хозяйства. Фирма Крупп получает концессию на производство сельскохозяйственной техники. Фирма Форд строит крупнейший в стране тракторный завод в Сталинграде.

В 1919 году на заводе фирмы Юнкерс в Дессау был сконструирован первый в мире пассажирский самолёт, но по Версальскому мирному договору Германия не могла заниматься конструкторскими работами во многих областях техники и индустрии, в том числе и строительством военных самолётов. В 1922 году профессор Юнкерс получает концессию на строительство самолётов в СССР. Десятки авиационных конструкторов и специалистов фирмы Юнкерс едут в Москву, где они буквально на пустом месте создают современнейшую авиационную промышленность.

Английские, французские, шведские, итальянские, датские, австрийские и многие другие фирмы западных стран активно сотрудничают с СССР.

Страна очень нуждалась в электроэнергии, без которой невозможно было создание современной промышленности. В 1932 году за короткое время была построена гигантская гидроэлектростанция на Днепре у города Запорожье. Её фотографии публиковались в газетах всего мира, на рекламных плакатах Интуриста, на почтовых марках. Днепрогэс стал символом „молодой социалистической республики". Только один факт никогда не публиковался: проект и строительство этой гидроэлектростанции были осуществлены под руководством лучших американских инженеров.

---

2 **хвата́ть/хвати́ть** *hier:* ausreichen – 3 **создава́ть/созда́ть (созда́м, созда́шь, созда́ст, создади́м, создади́те, создаду́т)** schaffen; gründen – 6 °**сырьё** Rohstoffe – °**нужда́ться** *(uv.)* **в чём** brauchen, benötigen etw. – 9 **предлага́ть/предложи́ть** anbieten – 10 °**добы́ча** Förderung – 11 °**поле́зные ископа́емые** Bodenschätze – 16 °**безрабо́тица** Arbeitslosigkeit – 17 °**безрабо́тный** Arbeitsloser – 24 °**маши́но- и вагонострои́тельные фа́брики** Maschinen- und Waggonbaufabriken – 26 **сохраня́ть/сохрани́ть** bewahren – 31 **производи́ть/произвести́** produzieren – 32 °**высокока́чественный** hochwertig – **сталь** *(f.)* Stahl – 36 **несмотря́ на что** trotz – 41 **нефть** *(f.)* Rohöl – 43 **обору́дование** Ausrüstung – 45 **населе́ние** Bevölkerung – 51 **кру́пный** groß – 55 °**Верса́льский догово́р** der Versailler Vertrag – 58 **о́бласть** *(f.)* Gebiet – 59 **в том числе́** darunter – 65 °**буква́льно** buchstäblich – 71 °**сотру́дничать** *(uv.)* zusammenarbeiten – 76 **гидроэлектроста́нция (гэс)** Wasserkraftwerk – 84 **осуществля́ть/осуществи́ть** realisieren

Жить без иллюзий

Американские автомобильные концерны основали автомобильную промышленность в СССР. Заводы фирмы Форд поставляли автомобильные лицензии, техническую документацию, посылали сотни лучших конструкторов, инженеров и техников на строительство автомобильных заводов-гигантов.

Результаты первой пятилетки впечатляли. За короткое время в СССР была создана тяжёлая промышленность, начался экспорт сельскохозяйственной и промышленной продукции. Говоря о достижениях первой пятилетки, советские политики нигде и никогда не говорили о том, что при строительстве и в работе всех промышленных предприятий использовались западный капитал и западная техника, и о том, в каких тяжёлых условиях жили и работали советские люди в то время.

Дина Гаврилова

88 °оснóвывать/основáть gründen, begründen – 90 °поставля́ть/постáвить liefern – 92 сóтня Hundert – 95 °впечатля́ть *(uv.)* beeindrucken – 97 тяжёлая промы́шленность Schwerindustrie – 100 достижéние Errungenschaft – 106 услóвие Bedingung

Вопросы и задания

1. Как характеризуется положение российской промышленности в 1924 году?
2. В каком году и почему впервые при Советской власти стали давать концессии западным промышленникам?
3. Каким было экономическое положение в странах Западной Европы в начале 20-х годов?
4. Почему немецкие фирмы так охотно брали концессии в России?
5. Какие немецкие фирмы и какие концессии получили в России?
6. Почему фирма Юнкерс стала заниматься конструкторскими работами в Москве?
7. Кто был основателем советской авиационной промышленности?
8. Какие американские фирмы и в каких областях сотрудничали с Россией?
9. Почему, кем и когда был построен Днепрогэс?
10. Какая информация в тексте об автомобильной промышленности?
11. Какие страны сотрудничали с СССР?
12. Каковы были результаты первой пятилетки?
13. О каком факте советское правительство никогда не говорило?
14. Почему экономическое положение Германии было „особенно катастрофическим"?
15. Почему, по вашему мнению, советское правительство не хотело говорить о помощи Запада при восстановлении и создании российской промышленности?
16. По информации первых двух текстов напишите сочинение о промышленности России в первые десять лет после революции.

3. Энергетика

В России много полезных ископаемых. В этом отношении она очень богатая страна. Большая часть этого богатства экспортируется.

Полезные ископаемые — уголь, нефть, газ, золото, алмазы — являются главным богатством России. С середины 70-х годов и до настоящего времени газ, нефть и нефтепродукты — основные экспортные товары СССР, а теперь СНГ. В сумме они дают приблизительно 33 процента валютной прибыли.

Нефтегазовая промышленность имеет мощную инфраструктуру, состоящую из газопроводов, нефтепровода „Дружба" и нефтяных терминалов в черноморских, балтийских и дальневосточных портах.

Нефть и нефтепродукты составляют до 80—90 процентов экспорта СССР в некоторые страны Западной Европы (например, Исландию, Испанию). Этим странам выгодно покупать российскую нефть, так как расстояние транспортировки по морю значительно короче, чем из Персидского залива, а для транспортировки можно использовать небольшие танкеры.

Практически весь газ из СНГ экспортируется в страны Восточной и Западной Европы по системе трубопроводов, которые начинаются на западносибирских месторождениях.

В середине 80-х годов добыча газа и нефти в СССР резко уменьшилась. Причиной этого уменьшения были старое оборудование, варварские методы добычи и отсутствие денег на модернизацию производства. В результате этого понизился и экспорт нефти и газа.

В настоящее время российская нефтегазовая промышленность привлекает к себе большое внимание крупных французских, американских, японских, английских и других западных компаний. Но в условиях нестабильного политического положения, а главное неясности юридических законов об иностранном капитале, „западный бизнес" осторожно инвестирует в России.

Дина Гаврилова

Г. и В. КАРАВАЕВЫ.

Прокомментируйте эту карикатуру.

---

3 **у́голь** *(m.)* Kohle – 4 **газ** Erdgas – °**алма́з** Rohdiamant – 5 **бога́тство** Reichtum – 8 **СНГ** (**Содру́жество Незави́симых Госуда́рств**) GUS (Gemeinschaft Unabhängiger Staaten) – 10 **при́быль** *(f.)* Gewinn – 12 **состоя́ть** *(uv.)* **из** bestehen aus – 13 °**га́зо-, нефтепро́вод** Erdgas-, Erdölleitung – 14 °**термина́л** Lager – 15 **порт** Hafen – 16 **составля́ть/соста́вить** *hier:* ausmachen – 20 **вы́годно** gewinnbringend – 21 **расстоя́ние** Entfernung – 22 **значи́тельно** wesentlich – °**Перси́дский зали́в** Persischer Golf – 24 **испо́льзовать** *(uv.)* verwenden – 29 °**месторожде́ние** Vorkommen – 31 °**ре́зко** *hier:* stark – 33 °**ва́рварский** barbarisch – 34 **отсу́тствие** Fehlen – 35 °**понижа́ться/пони́зиться** sinken – 38 °**привлека́ть/привле́чь внима́ние к себе́** Aufmerksamkeit auf sich ziehen – 43 °**нея́сность** *(f.)* Unklarheit – 44 **зако́н** Gesetz

Aufgaben zur Sprache

1. Suchen Sie im Text die aus zwei Wörtern zusammengesetzten Komposita und bestimmen Sie, von welchen Wörtern sie abgeleitet sind.
2. Suchen Sie im Text nach Adjektiven, die von geographischen Namen abgeleitet sind, und bestimmen Sie ihre Ausgangsform.

Вопросы и задания

1. Какими полезными ископаемыми богата Россия?
2. Что в основном экспортируется из России?
3. Как эти товары транспортируются в другие страны?
4. Почему некоторым странам Западной Европы выгодно импортировать эти товары из России?
5. Чем можно объяснить уменьшение экспорта газа и нефти?
6. Почему западные фирмы не спешат делать большие инвестиции в России?
7. Почему нефть называют „чёрным" золотом?

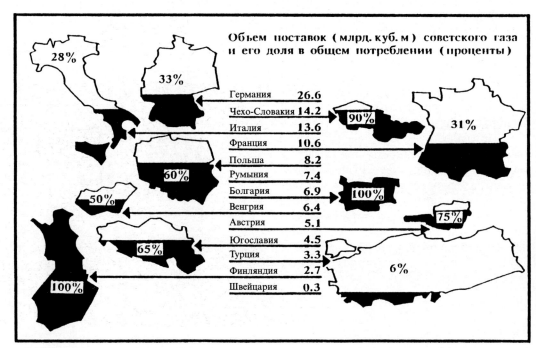

°объём Umfang – °поста́вка Lieferung – °до́ля Anteil – °потребле́ние Verbrauch – **млрд.куб.м.** миллиарды кубических метров

1. В какие страны Западной и Восточной Европы поставляется российский газ?
2. В каких странах количество российского газа в общем потреблении страны наибольшее (наименьшее)?
3. Какие страны полностью зависят от российских поставок газа?

4. Новые перспективы русских фирм

В Клаффенбахе, под Дрезденом, положена первая труба российско-германского газопровода „Стегал". Он доставит сибирский газ в новые земли ФРГ. Сотрудничество концерна „Газпром" с немецкими партнёрами обещает России 3 — 5 млрд. марок дополнительного дохода.

Концерн „Газпром" стал совладельцем газотранспортной компании „Стегал ГмбХ", а также совместно с АО „Винтерсхалл" создал торговый дом. В обоих предприятиях советская сторона имеет равные с немецким партнёром доли. Кроме того, „Газпром" приобрёл 5 процентов акций пока что единственной в восточных землях Германии газотранспортной компании „Фербунд нетц газ".

Газовая отрасль во всём мире считается одним из самых рентабельных видов бизнеса. „Стегал ГмбХ" займётся строительством газотранспортных сетей в Саксонии и Тюрингии. Эти сети можно будет подключить к трубопроводам, подающим газ во Францию и другие страны Европы. Таким образом „Газпром" займёт превосходные позиции по сравнению со своими конкурентами из Норвегии, Алжира и Ирана, потому что первым делает шаг к единой европейской газотранспортной системе.

> На Нефтегазе мы показываем, как крупное русское предприятие и крупное немецкое предприятие успешно сотрудничают в Европе.
>
> Газпром и АО Винтерсхалл объединили свои силы, чтобы совместно расширить газоснабжение в Европе и еще лучше реализовать русский природный газ.

По журналу *Бизнес МН*, № 40, 1991 г.

4 **но́вые зе́мли** neue Bundesländer – 8 °**совладе́лец** Mitinhaber – 10 °**ГмбХ** GmbH – **АО (акционе́рное о́бщество)** AG – 14 **кро́ме того́** außerdem – 18 °**о́трасль** *(f.)* Zweig, Branche – 21 **сеть** *(f.)* Netz – 23 °**подключа́ть/подключи́ть** anschließen – 25 **таки́м о́бразом** auf diese Weise – 26 **по сравне́нию с чем** im Vergleich zu

Вопросы и задания

1. Где начнётся строительство нового трубопровода?
2. Кто строители этого трубопровода? Как они связаны друг с другом?
3. Какой доход получит российская сторона от этого трубопровода?
4. Куда и откуда будет поставляться газ?
5. Какая информация в тексте о совместном предприятии „Стегал"?
6. Почему в будущем у „Газпрома" будут „превосходные позиции" и в какой области?

5. Бизнес в Москве — не для слабонервных

Калифорнийский юрист Брайан Зимблер из Сан-Франциско специально выучил русский язык, чтобы помогать американским бизнесменам создавать совместные предприятия в России. Он часто приезжал в Россию, помог уже в основании нескольких совместных предприятий. Сейчас Брайан Зимблер является одним из ведущих экспертов по экономическим связям между США и Россией.

— Вести дела в Москве — это не для слабонервных, — говорит Брайан. — Процесс переговоров очень медленный и трудный. Почему? Потому что большинство российских предпринимателей, с которыми ведёшь дело, просто не знают, что такое бизнес. Многие из них неплохо теоретически понимают общие проблемы, но не имеют абсолютно никаких практических знаний маркетинга, ценообразования, менеджмента.

Я, например, убедился, что мои российские партнёры по переговорам, даже юристы, не знают хорошо законов о совместных предприятиях. А разве можно без этого основывать совместное предприятие с иностранным партнёром?

То, что ваши предприниматели пока чего-то не знают или не умеют, это нестрашно. Постепенно они научатся. Гораздо большая опасность — это российская бюрократия, самая большая бюрократия в мире. Она как будто специально делает всё, чтобы торпедировать любое дело.

Зимблер и другие американские бизнесмены говорят, что у многих российских бизнесменов очень мало „миссионерского" энтузиазма и веры в то, что общими силами можно всё сделать. Американцы уверены, что у советских бизнесменов это чувство обязательно появится, когда они начнут работать в рыночных условиях, но сейчас им надо ехать учиться на Запад.

По газете *Московские новости*, 23. 09. 1990 г.

°**слабонéрвный** nervenschwach – 4 °**совмéстное предприя́тие** Gemeinschaftsunternehmen – 9 **веду́щий** führend – 10 **связь** (*f.*) Beziehung – 13 °**переговóры** Verhandlungen – 15 °**предпринимáтель** (*m.*) Unternehmer – 20 °**ценообразовáние** Preisbildung – 28 **покá** bisher – 39 **вéра** Glauben – 43 °**рынок, ры́ночный** Markt, Markt-,

Aufgaben zur Sprache

Finden Sie alle Fremdwörter im Text.

Вопросы и задания

1. Какая цель была у калифорнийского юриста и что он делал для её реализации?
2. Как характеризует Зимблер российских бизнесменов и их знания экономики?
3. Что думают о российских коллегах американские предприниматели?
4. Какие главные трудности при создании совместных предприятий называет Зимблер?
5. Что, по мнению Зимблера, надо делать советским предпринимателям?
6. Почему, по вашему мнению, бизнес с Россией не для „слабонервных"? Какие трудности могут быть у западных бизнесменов, которые хотят основать там совместное предприятие? Что должен знать предприниматель, который хочет основать предприятие в чужой стране?
7. Почему русским предпринимателям „надо ехать учиться на Запад"? Что они должны посмотреть и узнать в западных странах? Какую программу предложили бы вы им?

Многие западные фирмы торгуют с Россией. Так выглядит теперь ГУМ. Какие товары рекламируются под названиями западных фирм?

Вопросы к карикатуре

1. Как изобразил художник Маркса и Капиталиста?
2. Какие предметы на шахматной доске являются символами проигрыша Маркса и выигрыша Капиталиста? Какие стороны жизни символизируют эти предметы?
3. Какие изменения в России за последние годы может иллюстрировать этот рисунок?
4. Согласны ли вы с мыслью автора? Обоснуйте ваше мнение.

Жить без иллюзий 115

Новые слова

в экономике

акция — банкомат — бизнес — бизнесмен — брифинг — ваучер — гешефт — дилер — долларизация — инвестиция — инвестор — концессия — маркетинг — менеджер — менеджмент — офис — приватизация — продуцент — рекламный плакат — реклама — спонсор — фермер

и в жизни

гамбургер — чизбургер — тренинг — харизма — имидж — ментальность — видик — скейт — серфинг — серф-борд — дельтаплан — грины — баксы — парковка

6. Бизнес-клуб молодых

Бизнес, коммерция, маркетинг — эти слова уже давно стали привычными для многих молодых людей. Среди российских предпринимателей много молодёжи. Как они пришли в бизнес? Вот один такой пример.

Жизненный принцип Елизаветы Симаковой — самостоятельность. После школы в университет сразу поступать не хотела, пошла работать в редакцию журнала „Юридическая литература". Позднее поступила учиться на вечернее отделение юридического факультета Московского университета и одновременно начала работать секретарём в пакистанской фирме „Табани", в этом ей помог её хороший английский язык. Из фирмы „Табани" перешла работать в фирму „Комет трейдинг".

Елизавете Симаковой 21 год, сейчас она официальный представитель английской компании „Комет трейдинг", у неё есть право подписывать от имени компании деловые контракты.

Эта компания работает в области целлюлозно-бумажной промышленности. Дел у Елизаветы Симаковой много. Это сбор интересующей компанию информации, деловые переговоры, поиски торговых партнёров и клиентов. Из-за нестабильности экономической ситуации в нашей стране англичане не торопятся делать серьёзные инвестиции, но времена меняются, и уже есть несколько деловых проектов.

Конечно, в 21 год девушки обычно выходят замуж. Но у Елизаветы другие планы. Она хочет пойти на курсы автовождения, выучить немецкий язык, закончить университет.

По журналу *Юность*, № 9, 1991 г.

1 **привы́чный** gewöhnlich – 2 **среди́ чего** unter – 5 **самостоя́тельность** (*f.*) Selbständigkeit – 9 **отделе́ние** Abteilung – 18 **представи́тель** (*m.*) Vertreter – 21 °**контра́кт** Vertrag – 22 °**целлюло́зно-бума́жная промы́шленность** Zellstoff- und Papierindustrie – 26 **по́иск** Suche – 29 **торопи́ться/поторопи́ться** sich beeilen – 35 °**ку́рсы автовожде́ния** Fahrschule

Вопросы и задания

1. Какая информация в тексте о фирме, где работает Елизавета?
2. Какое она занимает положение на фирме и чем занимается?
3. Чем Елизавета отличается от девушек её возраста?
4. Обобщите информацию о Елизавете и составьте рассказ о ней.

Реклама кока-колы на Красной площади. Всё больше и больше товаров с Запада появляется в России. Что несёт с собой такая „коколонизация"?

Жить без иллюзий

8 ▶ Когда национальность становится проблемой

1. Что такое национальность

Разве не идёт дождь для всех равно?
Разве не для всех сияет солнце?
Не дышим ли мы все единым воздухом?

Кирилл

Кирилл (827–869) и его брат Мефодий (815–885) создали славянский алфавит (кириллицу) и начали вводить Христианство среди славян.

Любя свой народ, свою семью, скорее будешь любить другие народы и другие семьи.

Национализм — это проявление слабости нации, а не её силы.

Дмитрий Лихачёв, *Заметки о русском*, Изд. Советская Россия, Москва 1984 г.

2 **сиять** *(uv.)* scheinen – 3 **единый** einheitlich; *hier:* gleich – 7 **проявление** Ausdruck

Вопросы и задания

1. Что хочет сказать Кирилл этими словами?
2. Как вы считаете, так ли это?
3. Можно ли вообще любить народ?
4. Назовите примеры, которые показывают, что национализм — слабость.
5. Опишите сцену на карикатуре.
6. Что хочет сказать автор этой карикатуры?

2. Война после драки

Когда 11 июня 1990 г. РСФСР (Российская Советская Федеративная Социалистическая Республика) объявила — ещё в рамках бывшего СССР — свой суверенитет, началась „лавина" деклараций суверенитета: многие автономные республики и автономные области, которые являются частями России, тоже начали требовать своего суверенитета. Местами из этого развивались кровавые конфликты, прежде всего на северном Кавказе, где в автономной республике Чечено-Ингушетии националисты требовали полной независимости от России.

В ночь с 28 на 29 апреля в станице Троицкой (Чечено-Ингушетия), где живут в большинстве казаки, произошёл большой конфликт между национальностями, в результате которого погибло 8 человек (3 ингуша и 5 казаков) и более 20 участников событий получили тяжёлые ранения.

Причину трагедии объясняют по-разному. Ингуши считают, что всё началось после того, как пьяная молодёжь, расходившаяся по домам после казачьей свадьбы, остановила машину, где находились трое ингушей, и жестоко избила их. В ответ толпа ингушей начала бить окна, поджигать дома, стрелять … „Происшедшее не случайно", — в отчаянии говорят казаки. Национальная напряжённость в районе, где 19 из 74 тысяч населения составляют русские, росла давно: казаки упрекали местную администрацию в дискриминационной кадровой политике. С каждым годом росло число уезжающих русских. Обиды росли, через них рассматривались и все конфликты, которые в иной местности никто бы не посчитал межнациональными.

1 мая, на следующий день после похорон погибших, сессия сельского Совета приняла решение о переселении казаков за границы республики Чечено-Ингушетии.

— Мы не должны допустить этого переселения, — в один голос заявляют председатель Сунженского исполкома Саид Маштагов и председатель райсовета Руслан Татиев.

Ингушские старики и священнослужители обещают, что не будут хоронить ингуша, повинного в преступлении против русского соседа.

Администрация обещает казакам создание на территории района Сунженского

казачьего округа, о чём те безуспешно просили ещё 2 года назад.

Но паника уже охватила казачьи станицы. Люди, боясь за свою жизнь, не выходят на полевые работы.

Многие в Чечено-Ингушетии боятся, что выезд из республики даже части русского населения может сыграть роль камня, рождающего лавину. Лавину массовых переселений по всему Северному Кавказу.

По газете *Московские новости*, 12. 05. 1991 г.

°дра́ка Schlägerei – 8 °стани́ца Staniza (Kosakensiedlung) – 10 каза́к Kosak – 13 °ингу́ш Ingusche (Angeh. e. nordkaukas. Volkes) – 14 ране́ние Verletzung – 19 °каза́чий Kosaken- – 21 жесто́кий grausam – избива́ть/изби́ть (изобью́, -ёшь) verprügeln – 23 °поджига́ть *(uv.)* anzünden – стреля́ть *(uv.)* schießen – 24 отча́яние Verzweiflung – 25 напряжённость *(f.)* Spannung – 26 населе́ние Bevölkerung – 27 составля́ть/соста́вить zusammenstellen; *hier:* ausmachen – 28 упрека́ть/упрекну́ть vorwerfen – 29 °ка́дровая поли́тика Personalpolitik – 35 °по́хороны *(Pl.* похоро́н) Beerdigung – 37 °переселе́ние Umsiedlung – 42 °исполко́м Exekutivkomitee – 43 °райсове́т Gebietssowjet – 45 °священнослужи́тель *(m.)* Geistlicher – 46 °хорони́ть *(uv.)* beerdigen – 47 °пови́нный schuldig – преступле́ние Verbrechen – 51 °о́круг Bezirk – 53 охва́тывать/охвати́ть (охвачу́, охва́тишь) erfassen, ergreifen

Aufgaben zur Sprache

1. a) Stellen Sie aus dem Text ein Wortfeld конфли́кты zusammen. Trennen Sie nach Verben und Substantiven.

b) Gliedern Sie das Wortfeld люди nach den Gesichtspunkten sozial / national / beruflich / anderes.
c) Stellen Sie ein Wortfeld администрация von der kleinsten bis zur größten Einheit zusammen.
2. Um welche grammatischen Formen handelt es sich bei diesen auf -a/-я endenden Wörtern? Nennen Sie die jeweils zugehörige Infinitiv- bzw. Nominativform. Setzen Sie bei den gegebenen Formen das Betonungszeichen.
   a) война   g) Z. 23 дома
   b) Z. 8 апреля   h) Z. 27 росла
   c) Z. 14 ранения   i) Z. 36 сессия
   d) Z. 18 пьяная   j) Z. 13 ингуша
   e) Z. 21 избила   k) Z. 59 камня
   f) Z. 22 окна
3. Benennen Sie den jeweiligen Aspekt und begründen Sie aus dem Zusammenhang die Aspektwahl. Nennen Sie das jeweilige Aspektpaar im Infinitiv.
   a) Z. 10 произошёл   c) Z. 30 росло
   b) Z. 20 остановила   d) Z. 37 приняла
4. a) Bestimmen Sie die kursivgedruckte Wortform.
   b) Ersetzen Sie die kursivgedruckte Wortform durch eine synonyme syntaktische Konstruktion.
      a) Z. 18 молодёжь, *расходившаяся* по домам

Автономные республики на юге Российской Федерации (1993)		
название	число жителей	национальности
Адыгея	430 000	95 000 адыгейцев* 290 000 русских
Дагестан	1 800 000	500 000 аварцев* 280 000 даргинцев* 230 000 кумыков* 165 000 русских
Кабардино-Балкария	800 000	360 000 кабардинцев* 70 000 балкарцев* 240 000 русских
Калмыкия — Хальмг Тангч	320 000	146 000 калмыков** 120 000 русских
Карачаево-Черкесия	420 000	130 000 карачаевцев 40 000 черкесов* 176 000 русских
Северная Осетия	683 000	334 000 осетинов 190 000 русских
Чечено-Ингушетия***	1 300 000	730 000 чеченцев* 163 000 ингушей* 290 000 русских

* мусульмане
** буддисты
*** В 1992 г. Чечено-Ингушетия разделилась на две республики — Чечня и Ингушетия.

b) Z. 23 *Происшедшее* не случайно
c) Z. 30 число *уезжающих* русских
d) Z. 54 Люди, *боясь* за свою жизнь, не выходят

Вопросы и задания

1. а) Где произошёл конфликт? б) Какие национальности там живут?
2. Как, по мнению ингушей, начался конфликт?
3. В чём казаки видят причину конфликта?
4. а) Какие выводы сделали из конфликта: — сельский Совет — власти Сунженского района — ингушские старосты?
   б) Почему же всё-таки после этих решений в казачьих станицах наступила паника?
5. Могут ли, по вашему мнению, разные народы мирно жить на одной территории? При каких условиях это возможно? При каких невозможно?

3. Народы СССР

В советской школе ученики учили, что до Октябрьской революции всё было плохо, а после революции всё стало лучше.

Население СССР очень разнообразно по своему национальному составу. В Советском Союзе живёт много различных народов. Они отличаются друг от друга своим языком, хозяйственными и бытовыми особенностями.

3 **разнообразный** verschiedenartig – 4 **состав** Zusammensetzung – 7 **хозяйственный** wirtschaftlich – **бытовой** Alltags-

Найдите по карте, где живут известные вам народы.

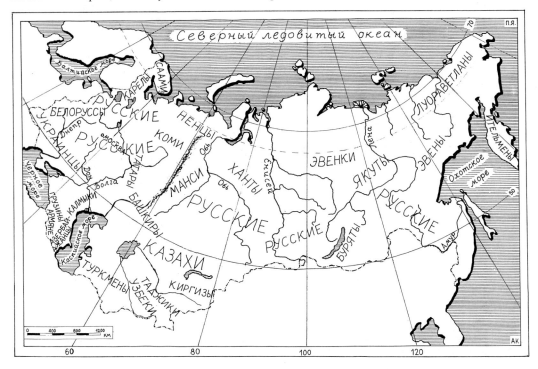

Когда национальность становится проблемой

Купцы и чиновники в царской России хищнически грабили отсталые народы далёких окраин. Русские были господствующей национальностью. Русские царские чиновники управляли всеми народами, населяющими СССР. Русский язык был языком всех правительственных учреждений. В школах учили детей только на русском языке.

У большинства народов не было своей письменности, своей азбуки.

Великая Октябрьская социалистическая революция освободила все народы России и сделала их равноправными членами Союза Советских Социалистических Республик.

Быстро развивается промышленность и сельское хозяйство на окраинах Союза; народы различных национальностей участвуют в стройке социалистического хозяйства СССР.

Много бывших кочевников осело вокруг новых промышленных центров.

Быстро растёт и культура народов СССР.

Даже те народности, которые раньше были отсталыми и сплошь неграмотными, имеют теперь свою письменность и свои школы. Преподавание ведётся на родном языке.

Так при советской власти изменяется жизнь народов Советского Союза.

Из *Учебника географии для четвёртого класса начальной школы*, Государственное учебно-педагогическое издательство Наркомпроса РСФСР, Москва 1940 г.

9 **купец** Kaufmann – °**чиновник** Beamter – **царский** Zaren- – 10 °**хищнический** raubtierhaft – °**грабить** *(uv.)* berauben – °**отсталый** rückständig – 11 °**окраина** Randgebiet – °**господствовать** *(uv.)* herrschen – 12 **национальность** *(f.)* Völkerschaft – 13 **управлять** *(uv.)* **чем** regieren über – 14 °**населять** *(uv.)* besiedeln – 15 **правительственный** Regierungs- – **учреждение** Einrichtung – 19 °**письменность** *(f.)* Schrifttum – °**азбука** Alphabet – 22 °**равноправный** gleichberechtigt – 25 **промышленность** *(f.)* Industrie – 28 **участвовать** *(uv.)* **в чём** teilnehmen an – 30 °**кочевник** Nomade – °**осесть** *(vo.)* seßhaft werden – 35 °**сплошь** durchgängig, allesamt – °**неграмотный** Analphabet

Aufgaben zur Sprache

1. Schreiben Sie aus dem Text alle Verbindungen von Adjektiv + Substantiv und Pronomen + Substantiv im Nominativ Singular heraus.
2. Schreiben Sie zu allen im Text vorkommenden Verben den Infinitiv mit der Rektion auf, z. B. so:
   Z. 5: жить в чём-н.
3. a) Stellen Sie aus dem Text ein Wortfeld угнетение (Unterdrückung) und свобода, geordnet nach Substantiven, Adjektiven und Verben, zusammen.
   b) Stellen Sie ein Wortfeld zu государство, учреждения, население zusammen.
4. Übersetzen Sie den Text auf der dritten Briefmarke (°**оплот** Bollwerk).

Вопросы и задания

1. О чём говорится в начале этого текста о народах СССР?
2. Сравните по тексту как жили народы до революции и после революции.

до революции	после революции
а) ...	а) ...

3. а) Спишите с карты, кто из этих народов сегодня живёт в своём государстве.
   б) Покажите на карте границы этих государств.
   в) Почему на карте нет имён прибалтийских народов?

4. Эти почтовые марки изданы к празднику Великой Октябрьской социалистической революции.
   а) Что на них изображено?
   б) Какие места из текста иллюстрируются на марках?

На марках, которые расположены слева, слово „почта" напечатано на грузинском, армянском и украинском языках.

4. Немцы на Волге

Марксштадт.

... Без четверти семь утра бьют на кирках колокола, и все немцы в Марксштадте, как во всех кантонах и колониях, сидят за кофе. В семь утра бьют на кирках колокола, и немцы за работой. За колониями — или равнина, или холмы — степь, степь, широчайшие просторы пшеницы; миражи летом, бураны зимой. На площадях молча стоят верблюды, спокойные, как Азия. Над землёй тридцать градусов жары. Без четверти двенадцать бьют на кирках колокола, — жалобный, прозрачный, стеклянный звон — и все немцы сидят за обедом, чтобы после обеда, закрыв ставни и раздевшись, как на ночь, спать до трёх. Колокола бьют в три, — тогда пьют кофе и вновь работают. В девять последний раз бьют время кирки, затем наступает ночь, и все спят. Рабочий день колоколом заканчивается в пять. В гости ходят от пяти до семи, гостям дают медовые пряники с горькой миндалиной посреди и рюмку вина. Полы моют каждый день, дом снаружи обмывают каждую субботу, по субботам же моют коровники. Непонятно — люди для чистоты, или чистота для людей. У каждой хозяйки на всё свои туфли: все они стоят у дверей. В одних она ходит по двору, в других — в коровнике, в третьих — по кухне, в четвёртых — по „вонунг-циммерам"; у двери ловко меняют хозяйки одни туфли на другие, немки в чепчиках и в белых передниках ...

По Борису Пильняку *Немецкая история*, 1928 г.

---

3 °**кирка** lutherische Kirche – **колокол** Glocke – 4 °**кантон** Kanton (Verwaltungseinheit) – 7 **равнина** Ebene – °**холм** Hügel – 8 **степь** *(f.)* Steppe – **простор** Weite, Raum – **пшеница** Weizen – 9 °**мираж** Fata Morgana – °**буран** Schneesturm – 10 °**верблюд** Kamel – 13 °**жалобный** kläglich – 14 **прозрачный** durchsichtig, klar – **стеклянный** gläsern – 16 °**ставень** *(m.)* Fensterladen – 20 **наступать/наступить (наступлю, наступишь)** heranrücken, nahen – 23 °**медовый** Honig- – °**пряник** Lebkuchen – **горький** bitter – °**миндалина** Mandelkern – 24 °**рюмка** Gläschen – 25 **снаружи** von außen – 26 °**коровник** Kuhstall – 33 **ловкий** geschickt – 34 °**чепчик** Häubchen – °**передник** Schürze

Немецкие крестьяне сдают зерно в своём кооперативе в Астрахани, 1928 год.

Aufgaben zur Sprache

1. Setzen Sie in die Konstruktionen passende Verben in der Vergangenheit ein und passen Sie die Konstruktion entsprechend an.
   a) Z. 6   и немцы за работой
   b) Z. 6   За колониями ... степь
   c) Z. 11 Над землёй тридцать градусов жары.
   d) Z. 27 люди для чистоты
   e) Z. 28 чистота для людей
   f) Z. 28 У каждой хозяйки на всё свои туфли.
2. Ersetzen Sie im ganzen Text, wo immer möglich, das Pronomen каждый durch das Pronomen все und umgekehrt.
3. Übersetzen Sie Z. 6 – Z. 12 За колониями ... жары.
4. a) Setzen Sie die Aufzählung bis „zehnte" fort und schreiben Sie, wo die Hausfrau jeweils geht.
   z. B. Z. 31 в четвёртых — по „вонунг-циммерам", в ...
   b) Führen Sie in derselben Weise folgende Beschreibung fort: У каждой хозяйки на всё своё платье. В одном она ходит ...

Вопросы и задания

1. Как проходит день в немецких колониях на Волге?
2. a) Что в этом тексте является „типично немецким"?
   б) Как, по-вашему, соседние народы — русские и киргизы — смотрели на этих немцев?
3. a) Где видно в тексте, что здесь уже начинается Азия?
   б) Что в этом тексте кажется особенно парадоксальным?
4. Как вы думаете, почему немцы на Волге смогли почти 200 лет жить по-немецки?

5. Трагический август 1941-го

В то воскресенье, 22 июня 1941 года, мама с утра уехала в Саратов к своим дальним родственникам. После отъезда мамы мы с отцом устроились на диване и начался мой любимый час „вопросов и ответов".

Вот, так лежим мы с отцом на диване

и разговариваем. По радио передают какую-то музыку, на улице светит солнышко, на обед ждёт меня любимая каша на молоке с маслом, по-немецки „брай", по-русски „тюря". Но вдруг музыка кончается, и объявляют: „Внимание! Внимание! Через 15 минут будет передаваться важное правительственное сообщение! Слушайте выступление народного комиссара иностранных дел т. Молотова!" И так несколько раз. Мы с отцом начали строить догадки: „Что бы это могло быть?"

И вот страшное, невероятное, хватающее за душу известие — „ВОЙНА"! Фашистская Германия напала на нас, бомбила наши города, около 200 человек уже погибло! Мы долго молчали.

Через несколько дней родители отправили меня в районное село Мариенталь (сейчас Советское), где я родился, „на свежее молоко, белый хлеб и деревенский воздух". Это было старинное село, основанное около 1762—1763 гг. переселенцами из Германии, приглашёнными по манифесту Екатерины II для колонизации пустующих земель Заволжья и введения высококультурного и рентабельного сельского хозяйства.

У нас в семье всё время пользовались двумя языками: мама говорила по-русски, а мы ей отвечали по-немецки — и никаких проблем, наоборот, соседи, заходившие к нам, хвалили, что мы с детства владеем двумя языками. И вдруг такой поворот!!! С этого момента я, как и большинство немцев, почувствовал себя каким-то виноватым, и это чувство росло по мере продолжения войны.

28 августа отец вернулся с работы очень расстроенным, и я даже боялся его о чём-либо расспрашивать, настолько он изменился в лице. Вскоре пришла мама. У неё были красные от слёз глаза (я впервые увидел её такой). И тут всё выяснилось: вышел Указ о нашем выселении. Итак, Немецкая республика на Волге перестаёт существовать. Наконец отец произнёс деревянным, бесцветным, усталым голосом: „Нам велено собраться и быть готовыми ко второму сентября. Разрешают брать с собой только самое необходимое, по сто килограмм на человека, и только мягкое — никаких сундуков, шкафов, кроватей, — а посуду — в корзинах". Отец снова предложил матери развестись, чтобы ехать одному, и снова мать отказалась, добавив, что его предложение не отвечает её принципам и морали.

Срок отъезда неумолимо, безжалостно приближался!

Наконец печальная процессия, больше похожая на похоронную, тронулась. Я сидел наверху на вещах и мог осматривать местность на 360 градусов. Печальный вид. Ворота дворов были открыты, во дворах лежали и стояли в пыли шкафы, кровати, столы, стулья, посуда — когда-то гордость хозяев. Видимо, люди до последней минуты всё же надеялись что-то взять с собой. А сколько трагедий происходило в каждом дворе! Везде бродили куры, гуси. В деревнях, как потом рассказывали, бродили коровы и громко

---

8 **со́лнышко** (*Dim. von* солнце) Sonne *(liebevoll)* – 11 °**тю́ря** Suppe aus Brot mit Wasser oder Milch – 12 **объявля́ть/объяви́ть** verkünden, erklären – 15 °**комисса́р иностра́нных дел** *(veraltet)* Außenminister – 18 °**дога́дка** Mutmaßung – 21 **изве́стие** Nachricht – 22 **напада́ть/напа́сть на кого-л** jdn. überfallen – °**бомби́ть** *(uv.)* bombardieren – 29 **осно́вывать/основа́ть** gründen – 30 °**переселе́нец** Übersiedler – 33 °**пустова́ть** *(uv.)* brachliegen – °**Заво́лжье** Gebiet hinter der Wolga – 41 **владе́ть** *(uv.)* **чем** etw. beherrschen – 42 °**поворо́т** Wendung – 47 °**расстро́енный** verstimmt – 50 **слеза́** Träne – 52 °**ука́з** Erlaß – °**выселе́ние** Ausweisung – 54 **произноси́ть/произнести́** aussprechen – 60 °**сунду́к** Truhe – 61 **корзи́на** Korb – 62 **разводи́ться/развести́сь с кем** sich scheiden lassen von – 66 °**неумоли́мый** unerbittlich – **безжа́лостный** erbarmungslos – 69 °**похоро́нный** Beerdigungs- – 71 **ме́стность** *(f.)* Gegend – 73 **пыль** *(f.)* Staub – 75 **го́рдость** *(f.)* Stolz – 78 **броди́ть** *(uv.)* **(брожу́, бро́дишь)** umherlaufen – 79 **ку́рица** Huhn – **гусь** *(m.)* Gans

мычали от боли, а молоко, перемешанное с кровью, текло из вымени. Некому было их доить.

Между тем мы медленно двигались по открытой степи к железной дороге.

Вдруг мама крикнула: „Витя! Смотри, парочка прощается!" Он и она, обнимаясь, целуясь, рыдая, стояли на дороге, тесно прижавшись друг к другу. Наконец они, бессильные, опустились на колени, не разжимая объятий, и поднялись медленно, чтобы разойтись. Пройдя несколько шагов, оба одновременно, как по команде, обернулись, и снова бросились друг к другу в объятия. Их отчаяние и ужас в глазах, их горе, трагические позы, а главное, то, что это происходило открыто, на глазах у множества людей подействовало на меня особенно сильно. Наконец мы доехали до железной дороги.

Со страхом и ужасом, не чувствуя под собой ног, мы с отцом приблизились к ближайшему вагону, где люди лезли в дверь, в окна, поднимались на крышу, толкались, отталкивали, лезли по головам.

В вагоне мы не успели отдохнуть, осмотреться, как вдруг появился человек в военной форме и поинтересовался, есть ли в вагоне врач. Отец, несколько придя в себя, ответил. Оказывается, в поезде есть специально для врача и медпункта целый вагон.

На другой день появился первый пациент: молодая женщина, рыдавшая и то и дело падавшая в обморок. Оказывается, во время погрузки она потеряла своего трёхлетнего сынишку. А поезд всё ехал и ехал на восток, и женщина сходила с ума, представляя себе, как он там один ночью, на пустыре, напрасно и беспомощно, отчаянно зовёт её. Марта, так её звали, хотела уже несколько раз выброситься из поезда. Несчастная всю дорогу так и жила у нас, молчаливая, ко всему равнодушная. Она могла целый день не есть, не пить, если не предлагали. Вещей у неё тоже не было. Насколько я помню, она приехала в гости с Украины и тут попала под Указ …

14 сентября мы прибыли в Красноярск. Здесь уже началась осень. Дома, на Волге, мы бы ещё ходили босиком и купались бы! Здесь же в парке лежали жёлтые листья. Дул холодный ветер с дождём.

Местные спрашивали: „Вы кто такие? Откуда вас принесло, несчастные?" Одна старушка, услышав в ответ: „Немцы", — констатировала с равнодушным презрением: „Так это те, с кем мы воюем!" И хотела уйти, нисколько не удивившись, что „воюющие немцы" отвечают на русском языке. Её тут же окружили спецпереселенцы и горячо начали доказывать, что они не те немцы, что они и их предки жили в России, на Волге, где была их республика и что их мужья, братья и сыновья воюют на фронте против тех немцев — фашистов!

Виктор Зандер

По газете *Нойес лебен*, Nr. 35, 26. 08. 1992 г.

---

81 °мыча́ть *(uv.)* brüllen – °переме́шанный vermischt – 82 кровь *(f.)* Blut – °вы́мя Euter – 83 °до́ить *(uv.)* melken – 87 °па́рочка Pärchen – проща́ться/прости́ться sich verabschieden – 88 °рыда́ть *(uv.)* heulen – 89 °прижа́ться *(vo.)* sich anpressen – 90 опуска́ться/опусти́ться (опущу́сь, опу́стишься) sich niederlassen – 91 °разжима́ть *(uv.)* loslassen – °объя́тие Umarmung – 94 обора́чиваться/оберну́ться sich umwenden – 96 го́ре Kummer, Schmerz – 105 толка́ть/толкну́ть stoßen – 109 вое́нная фо́рма Militäruniform – 116 °о́бморок Ohnmacht – 117 °погру́зка Beladen – 118 °сыни́шка (*Dim. von* сын) Söhnchen – 119 сходи́ть/сойти́ с ума́ verrückt werden – 121 °пусты́рь *(m.)* Einöde – отча́янный verzweifelt – 125 молчали́вый schweigsam – 131 прибыва́ть/прибы́ть ankommen – 133 °босико́м barfuß – 135 дуть *(uv.)* blasen – 139 презре́ние Verachtung – 140 воева́ть *(uv.)* Krieg führen – 143 °спецпереселе́нец Sonderverschickter – 145 °пре́дки Vorfahren

Aufgaben zur Sprache

1. a) Bestimmen Sie die kursivgedruckte Wortform.
   b) Ersetzen Sie die kursivgedruckte Form durch eine synonyme syntaktische Konstruktion.
   - a) Z. 29   село, *основанное* ... переселенцами из Германии
   - b) Z. 39   соседи, *заходившие* к нам
   - c) Z. 56   Нам *велено* собраться
   - d) Z. 92   *Пройдя* несколько шагов, оба ... обернулись
   - e) Z. 110 Отец, несколько *придя* в себя, ответил.
   - f) Z. 137 Одна старушка, *услышав* в ответ: „Немцы", — констатировала ...
2. Übersetzen Sie Z. 87 – Z. 99: Он и она ... сильно.
3. Stellen Sie aus dem Text alle präfigierten und unpräfigierten Bewegungsverben mit den Stämmen von идти und ехать zusammen. Nennen Sie die Verben im Infinitiv und ergänzen Sie ggf. die Übersicht mit dem entspr. Verbpartner.
4. Schreiben Sie alle Wörter mit dem Stamm сел- in ihrer Grundform heraus und ergänzen Sie die Liste ggf. mit weiteren Ihnen bekannten Wörtern.
5. Umschreiben Sie die Bedeutung der Ausdrücke.
   - a) Z. 5   час „вопросов и ответов"
   - b) Z. 27   „на свежее молоко, белый хлеб и деревенский воздух"
   - c) Z. 71   на 360 градусов
6. Setzen Sie den Text in die Vergangenheit.
   Z. 6 – Z. 12 Вот ... объявляют
7. Vervollständigen Sie den Satz durch ein passendes Verb.
   - a) Z. 16   И так несколько раз.
   - b) Z. 20   И вот страшное ... известие — „ВОЙНА"!
   - c) Z. 39   и никаких проблем
   - d) Z. 71   Печальный вид.
8. Erläutern Sie die Bedeutung der Wörter bzw. Ausdrücke aus dem Textzusammenhang.
   - a) Z. 42   такой поворот
   - b) Z. 43   почувствовал себя виноватым
   - c) Z. 58   только самое необходимое
   - d) Z. 66   срок отъезда
   - e) Z. 68   печальная процессия
   - f) Z. 97   это происходило открыто
   - g) Z. 110 придя в себя
   - h) Z. 124 Несчастная
9. Zerlegen Sie die abgeleiteten Wörter in ihre Bestandteile.
   - a) Z. 34   высококультурный
   - b) Z. 55   деревянный
   - c) Z. 55   бесцветный
   - d) Z. 90   бессильный
   - e) Z. 118 трёхлетний
   - f) Z. 121 беспомощно

Вопросы и задания

1. Почему воскресенье, 22го июня, обещало быть для Виктора хорошим днём?
2. Как мальчик и отец узнали о войне, и как это известие подействовало на них?
3. Почему на Волге, в центре России, возникли немецкие деревни?
4. а) Как дети воспитывались в этой семье?
   б) Каким было положение семьи после начала войны?

5. а) Как родители реагировали на Указ о выселении?
   б) В чём состоял этот указ?
6. Как выглядела деревня в момент отъезда жителей из села?
7. Какая сцена сильнее всего подействовала на мальчика на пути к железной дороге?
8. Почему мальчик почувствовал страх и ужас, когда они приблизились к поезду?
9. Расскажите историю молодой матери.
10. Как приняли в Сибири немцев с Волги?
11. Из этого текста можно хорошо понять, что
    а) часть русских немцев хочет переехать в Германию,
    б) другая часть хочет вернуться на Волгу,
    в) некоторые уже не считают себя немцами.
    Объясните, почему.

Во время Великой Отечественной войны (1941–1945) из родных мест были высланы в Сибирь и в Среднюю Азию за „сотрудничество с фашистами":	
из Поволжья	немцы: 774 000 чел.
из других мест	немцы: 121 000 чел.
из Крыма	татары, болгары, греки: 194 000 чел.
с Кавказа	чеченцы и ингуши: 400 000 чел. карачаевцы: 60 000 чел. балкарцы: 33 000 чел.
с Каспийского моря	калмыки: 82 000 чел.
Всего было выслано 2 463 940 человек.	

Дальнейшая судьба немцев после выселения	
1941 г.	— Немцы были отозваны с фронта.
1942 г.	— Трудармия для женщин и мужчин.
до 1955 г.	— Немцы жили под комендатурой, т. е. под надзором милиции.
до 1960 г.	— Немцам нельзя было учиться в институтах.
	— Нельзя было возвращаться на свою родину на Волгу.
1972 г.	— После конференции о правах человека в Хельсинки начались выезды в Германию.
до 1991 г.	— Все попытки восстановления республики на Волге в рамках СССР были напрасны.

°отозва́ть *(vo.)* abberufen – °труда́рмия Arbeitslager – °надзо́р Aufsicht – °попы́тка Versuch, Bemühung – °восстановле́ние Wiederherstellung

6. Воспоминания о нашей жизни в Сибири

Лидия Ботт, дочь немецких спецпереселенцев (см. текст „Трагический август 1941го"), родилась в 1951 году в Сибири. С 1992 года она живёт в Германии.

Мы жили и выросли в немецкой деревне. Она была очень красивая: вокруг стоял лес, а там в основном росли берёзы, черёмуха, ёлки, сосны. Весной, когда распускались листья и цвела черёмуха, всё вокруг было зелено, и росло много цветов. Летом мы ходили собирать ягоду: клубнику, малину и смородину, а осенью грибы, клюкву. Зимой у нас много снега, сугробы, и, конечно, холодно до 35–40 градусов мороза. Лес стоит в инее. Как красиво, когда на улице мороз, а на окнах от мороза всякие узоры. После снегопада вдруг безоблачное голубое небо, и снега так воз-

К праздничному столу праздничное настроение. Старшее поколение заботится о сохранении в семье немецкой культуры и немецкого языка.

душно легки, что их не назовёшь сугробами. Воздух у нас сухой и летом, и зимой. Когда мы пошли в школу, мы не знали русского языка, и нас обзывали фашистами. Учителя старались им объяснить, что мы такие же дети. Это было в шестидесятых годах. Мы чувствовали себя униженными. Родители нас тоже успокаивали и говорили нам, чтобы мы на них не обращали внимания, это у них всё пройдёт. И действительно, нас потом перестали обзывать. Я даже потом сдружилась с одной девочкой. Мы с ней вместе кончали школу, а потом вместе поступили в училище и работали вместе. Разошлись только тогда, когда я и она вышли замуж и разъехались в разные стороны. Мы потом уехали в Болотное, а потом в Юргу. Юрга была тоже красивый, чистый город. Мы жили там среди русских, немцев было мало. Дружили в основном с русскими. И на работе тоже все были русские, но они нас уважали. Они очень хорошо о нас отзывались и говорили, что немцы — трудолюбивый народ.

Нас охотно брали на работу, потому что у русских есть склонность к спиртным напиткам, может на работе выпить или на следующий день не прийти; но это тоже не все. Русский народ очень весёлый, компанейский. Они любят погулять, пошутить и в трудную минуту обязательно помогут, и ни в чём не отказывают. Друзей, с которыми мы столько лет дружили и гуляли вместе, и помогали друг другу, их нам здесь в Германии так не хватает. Мы решили уехать в Германию, потому что боялись за детей; не знали, как всё будет завтра. Когда мы говорили, что собираемся уезжать из России, они просили, чтобы мы не уезжали и говорили, что таких хороших друзей у них больше не будет. Они нас проводили как родные, и до сих пор мы с ними переписываемся. Дети наши выросли среди русских, им никогда

---

5 в основно́м hauptsächlich – берёза Birke – °черёмуха Faulbeerbaum – 6 °сосна́ Kiefer – °распуска́ться *(uv.)* aufgehen – 7 цвести́ *(uv.)* blühen – 9 я́года Beere – °клубни́ка Erdbeere – °мали́на Himbeere – 10 сморо́дина Johannisbeere – гриб Pilz – °клю́ква Moosbeere – 11 °сугро́б Schneewehe – 13 °и́ней Reif – 15 °узо́р Muster, Eisblume – °безо́блачный wolkenlos – 20 °обзыва́ть *(uv.)* beschimpfen – 24 уни́женный erniedrigt – успока́ивать/успоко́ить beruhigen – 28 °сдружи́ться *(vo.)* sich befreunden – 40 °отзыва́ться *(uv.)* sich äußern – 43 скло́нность *(f.)* Hang, Neigung – °спиртно́й напи́ток alkohol. Getränk – 47 °компане́йский gesellig – 53 хвата́ть *(uv.) hier:* ausreichen, genügen – 61 перепи́сываться *(uv.)* Briefe wechseln

никто не говорил, что они немцы; они даже не знали немецкого языка. Ирина потом в школе изучала немецкий язык.

Конечно, есть очень много хороших, приятных воспоминаний — их все не опи-

шешь. Люди здесь по-другому воспитаны, каждый сам по себе, а нам это очень тяжело. Мы привыкли всегда быть вместе, делиться с кем-нибудь.

Лидия Ботт

72 °делиться *(uv.) hier:* sich anvertrauen

Aufgaben zur Sprache

1. Stellen Sie aus dem Text jeweils ein Wortfeld zu den Begriffen природа und времена года zusammen. Gliedern Sie nach Substantiven und Verben und untergliedern Sie sinnvoll. Ergänzen Sie mit weiteren Ihnen bekannten Wörtern.
2. Stellen Sie aus dem Text ein Wortfeld отношения, совместная жизнь zusammen. Gliedern Sie nach Verben und Adjektiven.
3. Erläutern Sie den Bezug der Pronomen aus dem Textzusammenhang.
   a) Z. 25 на них   b) Z. 29 мы с ней
4. Nennen Sie analog die Bezeichnungen für die vorangehenden und nachfolgenden Jahrzehnte.
   Z. 22 в шестидесятых годах
5. Geben Sie den Sachverhalt mit anderen Worten wieder.
   a) Z. 26 это у них всё пройдет
   b) Z. 32 я и она ... разъехались в разные стороны
   c) Z. 37 Дружили в основном с русскими.
   d) Z. 45 но это тоже не все
   e) Z. 52 их нам здесь в Германии так не хватает
   f) Z. 64 они даже не знали немецкого языка
   g) Z. 68 их все не опишешь
   h) Z. 69 Люди здесь ... каждый сам по себе.
6. Übersetzen Sie Z. 47 – Z. 59 Они любят ... будет.

Вопросы и задания

1. Опишите красоту Сибири.
2. а) Как в шестидесятых годах проходило детство Лидии Ботт?
   б) Сравните это детство с детством её дочери и с детством Виктора Зандера (стр. 124).
3. а) Как проходила жизнь автора, после того как она вышла замуж?
   б) Что говорит о хорошем отношении русских к немцам?
4. Сравните, как она чувствует себя теперь в Германии с тем временем, когда она жила в Сибири.
5. Немцы после переселения в Сибирь стали „русскими". Согласны ли вы с этим?
6. В Германии, Англии, Америке живут люди разных национальностей. Как вы думаете, может ли национальность исчезнуть в будущем?

9 Женщина вчера, сегодня ...

1. Женские проблемы в России Ивана Грозного и Петра Великого

В XVI веке в русском обществе наблюдалось какое-то недоверие и почти ненависть к женщине. Это доказывают и многие русские пословицы: У бабы волос
5 долог, а ум короток ... Ум бабий, что дом без крыши ... Коня держи уздой, а жену угрозой ... и тому подобное.

Понятия, которые были до петровских реформ, а также обычаи и образ жизни
10 женщины того времени, пришли в Россию с Востока.

Женщина, и особенно девушка, была пленницей женского терема. На каждый выход из терема необходимо было раз-
15 решение главы семьи, мужа или отца, и ключи от терема были только у него.

Девушку до её замужества не должен был видеть ни один мужчина. Даже жених не мог видеть свою невесту. Молодые
20 люди женились, не узнав друг друга. Отец, сообщая дочери, что ей нашли жениха, указывал на плётку в знак того, что он передаёт власть мужу.

Обычай того времени требовал, чтобы
25 при проводах невесты отец употребил плётку в последний раз, а жених в первый раз при встрече.

Законы и правила семейной жизни, которые являлись частью общественной
30 системы того времени, были описаны в Домострое при Иване Грозном его другом и советчиком Сильвестром. Женщина того времени была жертвой и находилась полностью под властью мужа.
35 Пётр Великий попытался изменить

Картина В. В. Пукирева „Неравный брак" была написана в 1862 году и вызвала большой резонанс в публике. Пукирев был одним из первых художников в России, которые показали бесправное положение женщины в обществе. Расскажите, что вы видите на картине. На какую сторону неравенства мужчины и женщины в обществе указывает художник?

рабское положение женщины в обществе. Надо сказать, что и до него уже устаревшие обычаи стали терять свою силу. Мать Петра, царица Наталья, уже принимала участие во внешней жизни мужа, 40
иногда сопровождала его на охоте, вместе

°**Иван Грозный** Iwan der Schreckliche – °**Пётр Великий** Peter der Große – 2 **недоверие** Mißtrauen – **ненависть** *(f.)* Haß – 4 °**пословица** Sprichwort – 6 **узда** Zaum – 7 °**угроза** Drohung – °**и тому подобное** *(Abk. и т. п.)* u. ä. – 8 **понятие** Vorstellung, Begriff – 9 °**обычай** Brauch – 13 °**пленница** die Gefangene – **терем** Gemach – 15 °**глава** *(veraltet)* Haupt – 17 °**замужество** Heirat *(von Frauen)* – 18 °**жених** Bräutigam – 19 **невеста** Braut – 22 **указывать/указать** zeigen – °**плётка** Peitsche – **знак** Zeichen – 23 **власть** *(f.)* Macht – 25 **проводы** *(Pl.)* Abschied – **употреблять/употребить** *hier:* benutzen – 31 °**домострой** Gesetzbuch – 33 **жертва** Opfer – 36 °**рабский** sklavisch – 41 **сопровождать/сопроводить** begleiten – **охота** Jagd

с ним посещала спектакли, которые давали иностранные актёры в Кремле. Нередко ездила с мужем в открытом экипаже, а это уже была почти революция нравов!

До Петра закон признавал полную, неограниченную власть мужчины над женщиной, мужа над женой, отца над дочерью. И именно в этом общество особенно сильно сопротивлялось нововведениям. Деспотизм мужчины имел такие глубокие корни в нравах и традициях страны, что Петру трудно было разрушить его.

Пётр запретил устраивать свадьбу сразу же после помолвки, а лишь через шесть недель после неё, чтобы жених и невеста лучше узнали друг друга.

В высших слоях общества Пётр освободил женщину от её рабского положения. Женщина могла теперь активно участвовать в светской жизни, учиться, танцевать, заниматься литературой, музыкой, искусством. Поэтому не случайно, что в 1783 году президентом Российской академии стала женщина — Екатерина Романовна Дашкова.

По газете *Независимая газета*, 07. 02. 1992 г.

45 **нра́вы** *(Pl.)* Sitten – 46 **зако́н** Gesetz – **неограни́ченный** unbegrenzt – 50 °**сопротивля́ться** *(uv.)* Widerstand leisten – 52 **ко́рень** *(m.)* Wurzel – 53 **разруша́ть/разру́шить** zerstören – 55 **запреща́ть/запрети́ть** verbieten – 56 °**помо́лвка** Verlobung – 59 **слой** Schicht – **освобожда́ть/освободи́ть** befreien – 62 °**све́тский** weltlich

Aufgaben zur Sprache

1. Leiten Sie von den folgenden Verben Substantive ab.
   a) доказывать
   b) жениться
   c) пытаться
   d) посещать
   e) сопротивляться
   f) запретить

2. Setzen Sie in die folgenden Sätze die Verben ein, die zu den kursivgeschriebenen Substantiven passen.
   a) На каждый выход глава семьи _____ *разрешение*.
   b) Пётр I _____ *попытку* изменить рабское положение женщины.
   c) Мать Петра I уже _____ *участие* во внешней жизни мужа.
   d) Этим нововведениям общество _____ особенное *сопротивление*.
   e) *Доказательством* этому _____ и многие русские пословицы.

Вопросы и задания

1. Какой образ жизни был типичным для женщины в России XVI века?
2. Как характеризуется жизнь женщины при Иване Грозном до и после её замужества?
3. Какие детали жизни царицы Натальи и почему характеризуются в тексте как „революция нравов"?
4. Какая реформа Петра I стала важной для женщин всех слоёв общества?
5. Как петровские реформы изменили жизнь женщин высших слоёв общества?
6. Как реагировало общество того времени на реформы Петра I?
7. Почему Домострой является для нас важным и интересным документом того времени?
8. Сравните, как выходила женщина замуж до и после петровских реформ. Какие шансы и возможности, по-вашему, дали женщине новые законы о замужестве?
9. Сравните положение женщины в обществе при Иване Грозном и Петре Великом. Какие произошли принципиальные изменения?

2. Борьба русских женщин за высшее образование

Пётр Алексеевич Кропоткин (1842—1921), учёный, писатель, революционер, один из основателей анархизма. „Записки революционера" были написаны Кропоткиным в конце XIX века. На русском языке они были впервые опубликованы в 1902 году в Лондоне, а в России книга впервые была напечатана в 1906 г. После Февральской революции Кропоткин вернулся из эмиграции в Россию. Он критиковал большевиков и Ленина за их насильственные методы, выступал против диктатуры пролетариата, против перестройки общества с помощью государственной власти и насилия. Эти мысли Кропоткин высказал в последних главах своей книги, написанных им незадолго до смерти. Эти главы в СССР никогда не публиковались.

Печатаемый здесь отрывок написан в 1898 году, в нём рассказывается о 60-х и 70-х годах XIX века.

Центром борьбы русских женщин за высшее образование был тогда Петербург. Когда выяснилось, что правительство твёрдо решило не допускать женщин в существующие университеты, они употребили все силы, чтобы добиться открытия собственных высших курсов. В Министерстве народного образования им сказали, что девушки, окончившие гимназию, не имеют достаточной подготовки для университетских лекций. „Отлично, — ответили они, — разрешите нам в таком случае устроить подготовительные курсы. Введите какую хотите программу. Мы не просим денежной помощи от государства. Только дайте нам разрешение. Всё остальное мы сделаем сами". Но разрешения, конечно, не дали.

Тогда женщины организовали в различных частях Петербурга научные курсы в частных домах. Многие профессора читали лекции бесплатно. Затем, летом, под руководством профессоров университета, устраивались в окрестностях Петербурга геологические и ботанические экскурсии.

Наконец, несмотря на нежелание Министерства, подготовительные курсы, под названием педагогических, открылись. Нельзя же было запретить будущим матерям изучение методов воспитания!

Шаг за шагом женщины расширяли свои права. Как только становилось известно, что тот или другой профессор в Германии собирается открыть свою аудиторию для женщин, как в его двери уже стучались русские слушательницы. Они изучали право и историю в Гейдельберге, математику в Берлине. В 1872 году в Цюрихе более ста женщин и девушек работали в лабораториях университета. Там они добились более важного, чем докторские дипломы, а именно уважения лучших профессоров, которые и высказывали его публично.

Среди русских девушек, изучавших математику в Берлине, была Софья Ковалевская. Она была первый профессор-женщина в Стокгольмском университете.

Александр II ненавидел учёных женщин. Но несмотря на его нежелание, на оппозицию жандармов, женщины всё же добились открытия ряда курсов. В 1872 году разрешили открыть в Петербурге высшие медицинские курсы. Когда же правительство отозвало женщин-студенток из Цюриха из страха, что они будут

12 **высшее образование** Hochschulbildung – 15 **допускать/допустить** zulassen – 19 °**Министерство народного образования** Ministerium für Volksbildung – 25 **вводить/ввести** einführen – 28 **остальное** der Rest – 33 **частный** privat – 35 **руководство** Leitung – 44 °**расширять/расширить** erweitern – 47 **собираться/собраться** *hier:* beabsichtigen – 48 °**аудитория** Hörsaal – 54 **добиваться/добиться** erlangen – 62 **ненавидеть** *(uv.)* hassen, verabscheuen – 68 °**отзывать/отозвать** abberufen

знакомиться там с революционными идеями, то оно было вынуждено открыть в России для них высшие курсы, то есть женские университеты, в которых скоро уже училось более тысячи женщин. Не поразительно ли, что в России теперь более 670 женщин-врачей.

По П. А. Кропоткину *Записки революционера*, Москва: Мысль, 1966 г.

71 °вынужда́ть/вы́нудить zwingen – 75 **порази́тельно** erstaunlich

Вопросы и задания

1. В какое время происходили события, описываемые в тексте?
2. Какой аргумент приводило правительство против обучения женщин и девушек в университетах?
3. Найдите в тексте строки, которые показывают позицию правительства и государственных органов в вопросе высшего образования женщин.
4. Как боролись женщины за высшее образование?
5. Кто помогал женщинам в их борьбе?
6. В каких университетах женщины могли в то время учиться?
7. Как иностранные профессора относились к русским студенткам?
8. Почему женские высшие курсы были всё же открыты?
9. Прокомментируйте фразу: „Шаг за шагом женщины расширяли свои права". О каких правах идёт здесь речь? Какие шансы и возможности давали эти права женщинам?
10. Используя лексику текста, составьте реферат о том, когда женщины в вашей стране получили право на высшее образование? Как они добились этого права? В каких университетах эти женщины могли учиться до получения ими этого права?

Первые учительницы России.

3. Элегия

Сатирическое стихотворение „Элегия" было опубликовано в 1862 году в журнале „Искра" в Санкт-Петербурге и подписано Гейне из Тамбова. Автором „Элегии" был поэт и переводчик Пётр Вейнберг, поддерживавший женщин в их борьбе за высшее медицинское образование. Это стихотворение он начал словами: „Один из современных
5 *вопросов с поэтической точки зрения."*

      Я любил её так нежно,
      Так высоко, поэтично;
      Так небесно, гармонично...
      Но вчера, о боги, боги,
10   Приключение какое!...
      Ту, которая являлась
      Мне как нечто неземное,
      Окружённая цветами,
      В обстановке идеальной, —
15   Ту красавицу увидел
      Я в палате госпитальной!
      С инструментом возле трупа
      Дева милая стояла
      И, по правилам науки,
20   Труп спокойно рассекала.
      Я отпрянул в изумленьи
      От невиданного дела...

А она в глаза мне прямо
И учёно посмотрела;
Протянула мне спокойно   25
Окровавленные руки
И сказала: „Друг, ты видишь
Здесь служителя науки!"
И опять припала к трупу...
Я стоял глотая слёзы;   30
Чёрной пылью рассыпались
Поэтические грёзы;
Их, как молния, сменяли
Медицинские картины,
И шептал я: „Дева рая —   35
Доктор, доктор медицины!..."

Поэты „Искры", Москва 1987 г.

2 °**искра** Funke – 3 **переводчик** Übersetzer – 5 °**точка зрения** Standpunkt – 6 **нежно** zärtlich – 8 **небесно** himmlisch – 10 **приключение** Abenteuer – 11 **являться/явиться** erscheinen – 12 **нечто** etwas wie – 13 **окружать/окружить чем** umgeben mit – 14 **обстановка** Umgebung – 16 **палата** Krankenzimmer – 17 °**труп** Leiche – 18 °**дева** (*poet.*) Jungfrau – 20 °**рассекать/рассечь** durchschneiden – 21 **отпрянуть** (*vo.*) zurückspringen – °**изумленье** Erstaunen – 22 **невиданный** ohnegleichen – 26 °**окровавленный** mit Blut beschmiert – 28 **служитель** (*m.*) Diener – 29 °**припадать/припасть** sich eng anschmiegen – 30 °**глотать** (*uv.*) schlucken – 31 **пыль** (*f.*) Staub – °**рассыпаться/рассыпаться** sich verstreuen, zerstreuen – 32 °**грёзы** (*Pl.; poet.*) Träume – 33 **молния** Blitz – °**сменять/сменить** ersetzen – 35 **шептать** (**шепчу́, ше́пчешь**)/**шепнуть** flüstern – °**рай** Paradies

Вопросы и задания

1. Найдите в тексте слова, при помощи которых создаётся романтической образ женщины.
2. В каких строках показывается новый тип женщины?
3. Найдите строки, в которых автор противопоставляет новое и старое.
4. Разделите стихотворение на смысловые части и дайте им название.
5. Используя информацию текста „Борьба женщин за высшее образование" и стихотворение „Элегия", составьте рассказ о трудностях, которые были у женщин, боровшихся за право получения высшего образования.

4. Женщины на работе и дома

Роль женщин на работе и в общественной жизни постоянно растёт. У нас есть отрасли и профессии, где женщины занимают лидирующее место. В торговле их 82%, в медицине — 81%, в народном образовании — 75%.

Женщины-инженеры составляют 58%. Агрономы, зоотехники и ветеринарные врачи — 45%. Врачи — 67%, бухгалтеры — 89%, библиотекари и библиографы — 91%.

Но вот что бросается в глаза: в „женских" профессиях и отраслях заработная плата ниже, чем в „мужских". И только в последние годы в них стали повышать зарплату.

Надо сказать ещё об одном важном, если не главном моменте: почти у каждой женщины есть работа после работы, и время второй работы не уменьшается, а растёт!

Как же строится в среднем день женщины? Вот результаты социологического исследования времени женщин — рабочих и служащих.

Рабочее время в среднем 7 часов 57 минут. Время поездки на работу и с работы и время на обед — 1 час 38 минут. На покупки женщина тратит в рабочий день 45 минут, в выходной — 1 час 25 минут. На домашнее хозяйство уходит в рабочий день 3 часа 13 минут и в выходной день 6 часов 18 минут. Сколько же свободного времени остаётся у женщины? 2 часа 24 минуты! Интересно, что же делает женщина в свободное время? На радио и телевидение тратится в день в среднем 1 час 9 минут. На чтение газет, журналов и книг — 18 минут. Учёба, повышение квалификации и общественная работа занимают 11 минут. Столько же времени идёт на прогулки и занятия спортом. На посещение кино, театров, спортивных программ — 7 минут. Чуть больше — 8 минут — приход гостей, посещение родных и знакомых, кафе, ресторанов и так далее.

А сколько же времени женщина тратит на воспитание детей? 17 минут! О каком же семейном воспитании может идти речь? Для этого у работающей матери физически нет времени!

По газете *Известия*, 05. 05. 1988 г.

„На стройке нового цеха" 1926 г. *После революции положение женщины в обществе принципиально изменилось. Женщина более активно участвует в общественном труде, в политической жизни. Картины, плакаты, фильмы, книги того времени пропагандировали „новую женщину". Какую работу выполняют женщины на картине? К какой профессии — „мужской" или „женской" — относится эта работа?*

---

3 °**о́трасль** (*f.*) Branche – 4 **торго́вля** Handel – 7 **составля́ть/соста́вить (составля́ю/ишь)** bilden – 8 °**ветерина́рный врач** Tierarzt – 12 °**броса́ться/бро́ситься в глаза** ins Auge fallen – 13 **за́работная пла́та (зарпла́та)** Lohn, Gehalt – 22 °**в сре́днем** durchschnittlich – 24 **иссле́дование** Untersuchung – 25 **слу́жащий** Angestellter – 40 °**повыше́ние квалифика́ции** Fortbildung

Вопросы и задания

1. Как вы понимаете слова „женские профессии"? Какие „женские профессии" называются в тексте?
2. Чем отличаются в России, по мнению автора текста, „мужские профессии" от „женских"?
3. Посчитайте, сколько времени после основной работы остаётся у женщины.
4. Чем занимается женщина в это время?
5. Сколько времени остаётся у женщины на воспитание детей?
6. Сколько времени уходит у женщины на сон?
7. Посмотрите на рисунок „Женское многоборье" и скажите:

   а) Что делает женщина на каждом рисунке?
   б) Какие строки из текста „Женщина на работе и дома" могли бы иллюстрировать эти рисунки и почему?
   в) Какие ежедневные занятия женщины, описанные в тексте, не изобразил художник?
   г) Что такое многоборье? Почему автор дал рисунку именно такое название?

Женское многоборье

5. Время назад

Есть в республике Коми удивительное место — Нювчинский чугунолитейный завод, основанный ещё в середине XVIII века. Известен он тем, что за двести лет своей жизни не сделал ни одного шага по пути технического прогресса. Новое лишь в том, что появился электрический свет. В 1795 году завод производил 832 тонны чугуна, через два века — 800. Как и раньше, вручную разливают чугун в формы. Вручную вынимают из форм готовую продукцию.

В литейном цехе завода. К каким строкам текста может служить иллюстрацией эта фотография?

Работницы другого чугунолитейного завода пишут в „Правду": „Формовщик — это чисто мужская профессия, но так как это ручная, трудная работа в тяжёлых и вредных для здоровья условиях, а также низкая заработная плата, то делают её одни лишь женщины. Большинство работниц редко дорабатывает до пенсии.

Весь технологический процесс идёт в одном помещении, поэтому концентрация пыли и газа в воздухе в 25 раз выше нормы. Когда разливают металл в формы, температура воздуха очень высокая, а вентилятор часто не работает. Методы работы — дедовские. Во время рабочего дня женщины вручную переносят до 30 тонн чугуна. „Скорая помощь" увезла прямо с работы в больницу двух формовщиц". Это письмо подписали 25 работниц.

Писем на эту тему приходит немало. Например, на заводах и фабриках Министерства сельскохозяйственной техники, на которых работает 56 тысяч женщин, регулярно нарушают законы о труде. Женщины, имеющие маленьких детей, и беременные женщины работают в ночное время. Условия труда там часто антисанитарные, уровень профессиональных болезней в 4 раза выше нормы.

Трудно поверить, но в Мурманске женщины работают на шахтах под землёй. „Но женщины хотят делать эту работу, — сказали нам в Министерстве. — Здесь и заработная плата выше, и на пенсию можно уйти раньше".

Горько слышать такие слова. Освобождение женщин от тяжёлого физического труда идёт так медленно, что освободить их можно будет только через … 50 лет.

По газете *Правда:* статья „Время назад" 23. 05. 1990 г. и статья „Не женская ноша" 11. 06. 1988 г.

1 °**респу́блика Ко́ми** находится на северно-западе Российской Федерации – 2 °**чугунолите́йный заво́д** Eisengießerei – °**чугу́н** Gußeisen – 8 **производи́ть/произвести́** herstellen – 10 °**вручну́ю** mit der Hand – °**разлива́ть/разли́ть** eingießen – 11 °**вынима́ть** *(uv.)* herausnehmen – 12 **проду́кция** Erzeugnisse – 14 °**формо́вщик** Former – 27 °**де́довский** alt – 37 °**наруша́ть/нару́шить** verletzen – 38 °**бере́менная** die Schwangere – 44 °**ша́хта** Grube – 49 **освобожде́ние** Befreiung

Aufgaben zur Sprache

1. Suchen Sie im Text die Substantive mit der Endung -ание, -ение und bestimmen Sie, von welchen Verben sie abgeleitet sind.
2. Verwandeln Sie die aktiven Sätze in passive. Beachten Sie den Aspekt der Verben in den angegebenen Sätzen.
   a) Как и раньше, вручную разливают чугун в формы. Вручную вынимают из форм готовую продукцию.
   b) Когда разливают металл в формы, температура воздуха очень высокая.
   c) На заводах и фабриках регулярно нарушают законы о труде.

Статистика

Для страны характерен нерационально высокий уровень занятости женщин: приблизительно 90% женщин трудоспособного возраста работают или учатся, они составляют больше половины всей рабочей силы в стране — это один из самых высоких показателей в мире. По традиции ведение домашнего хозяйства и воспитание детей лежат на женщине.

Конфликт между социальными ролями — одна из причин неблагоприятной демографической ситуации в стране — уменьшения рождаемости.

По журналу *Вестник статистики*, № 8, 1991 г.

В стране 149,2 млн. женщин, из них свыше 65 млн. заняты в общественном производстве. Среди специалистов с высшим и средним образованием 60% женщин.

85% работающих женщин в стране после рождения ребёнка не продолжают своего образования, не повышают квалификации.

3.4 млн. женщин заняты на работах с вредными условиями труда.

275 тысяч — на тяжёлых физических работах.

4,2 млн. женщин только в промышленности работают вручную.

По газете *Аргументы и факты*, № 9, 1989 г.

за́нятость *(f.)* Beschäftigung – **трудоспосо́бный** arbeitsfähig – °**показа́тели** *(Pl.)* Kennziffer – °**рожда́емость** *(f.)* Geburtenrate – **произво́дство** Produktion – **вре́дный** schädlich

Вопросы и задания

1. О какой работе и о какой профессии рассказывается в тексте?
2. Какие предприятия называются в статье и как они характеризуются?
3. Какая информация содержится в тексте о профессии формовщицы? В каких условиях они работают и как это отражается на их здоровье?
4. Почему формовщица чисто женская профессия?
5. Какие случаи нарушения законов о труде называются в тексте?
6. Сколько женщин в стране заняты на тяжёлых физических работах, на работах с вредными условиями труда и сколько работают вручную?
7. Сколько времени потребуется для улучшения условий труда этих женщин?
8. Обобщите информацию, данную в текстах, о работающей женщине и скажите:
   а) Почему, по вашему мнению, 85% работающих женщин в стране после рождения ребёнка не продолжают своего образования, не повышают квалификации?
   б) Почему постоянно снижается уровень рождаемости?
   в) Почему многие женщины, занятые на тяжёлых и вредных работах, рано умирают, не доработав до пенсии?

6. О женских правах и работе

В Москве основан Женский центр и Группа гендерной экспертизы, которая занимается вопросами социальных отношений полов. Обе эти организации изучают и защищают также и право женщин на работу.

По информации этих организаций, в последние годы, в годы радикальных экономических реформ, женщину быстрее увольняли с работы, чем мужчину. Среди безработных уже сейчас 80% женщин. На рынке труда женщина постоянно слышит лишь одно: нужны мужчины до 35 лет. Если раньше общественным мнением было, что главным для женщины является работа, то теперь — домашнее хозяйство.

Дискриминация женщин — одна из реалий российского общества. Часто сами женщины не видят этого. Недавний опрос безработных женщин доказывает это. На вопрос: „Почему вас уволили?" — ответы были почти одинаковые: „Для меня именно нет работы". Поэтому сейчас очень популярен тезис, что женщина должна быть дома, а мужчина — зарабатывать в два раза больше. Но что же делать десяти миллионам женщинам в стране, которые воспитывают детей без мужей?

И ещё одна характерная деталь отношения к женщине: и в настоящей конституции и в проекте новой российской конституции нет больше статьи о равенстве полов. Отсутствием такой статьи, считает директор Женского центра, уже запрограммирована дальнейшая дискриминация женщин.

По газете *Московские новости*, 31. 01. 1993 г.

2 °гéндерный от английского слова gender (Geschlecht) – 5 защищáть/защитúть verteidigen – 10 °увольнять/уволить с чего entlassen – 11 °безработный Arbeitsloser – 12 °рынок труда Arbeitsmarkt – 20 °опрос Umfrage – 34 °рáвенство Gleichberechtigung – 35 отсýтствие Fehlen

Почему комментарий к этой карикатуре называется „Нет проблем?"

Aufgaben zur Sprache

Suchen Sie im Text die Adjektive mit den Suffixen -н und -ск und bestimmen Sie, von welchen Substantiven sie abgeleitet sind.

Вопросы и задания

1. Как отразились экономические реформы на положении женщины в обществе?
2. Какие изменения произошли на рынке труда?
3. Как и почему изменилось общественное мнение о роли женщины в обществе? Какие социальные группы в первую очередь пострадают от этого изменения?
4. Какими вопросами занимаются Женский центр и Группа гендерной экспертизы?

7. Строки из писем

Молодая незамужняя женщина родила ребёнка. Нельзя сказать, что это исключительное событие. По статистике в стране появляется на свет примерно полмиллиона таких детей в год. Но каждый такой случай вызывает у окружающих острую, очень противоречивую реакцию, желание высказаться и доказать правильность своих жиз-
5 *ненных принципов.*

Мне 19 лет. Если бы я попала в такую ситуацию, то я не побоялась бы родить ребёнка. Мои родители никогда бы не выгнали меня из дома за то, что я родила
10 ребёнка без мужа. Какое же это преступление родить ребёнка? Знаю многих, которые родили без мужа и живут, как все. И в чём виноват ребёнок, если он появился на свет? Я не понимаю, как можно сты-
15 диться своего ребёнка?!

Анна И.

Став матерью-одиночкой, женщина считает себя героиней. А что на самом деле? Легкомыслие, аморальность. Тут
20 очень подходит слово — дура. Я считаю, что девушка должна оставаться целомудренной до замужества. Почему раньше матерей-одиночек было мало? Потому что никто не вставал на их защиту. В этом

плане ничего не должно меняться и те- 25
перь. Таких девушек, которые становятся матерями-одиночками, не надо жалеть, они сами во всём виноваты.

Мать.

Сколько зла и жестокости в нашем 30
обществе! Каменный век: в письмах пишут „незамужняя женщина — недоброкачественный человек", „это потенциальная проституция", „презирать таких женщин надо!". Кого? Мать. И после 35
этого удивляемся, что от детей отказываются, детей бросают. Вот какие у нас нравы, вот какое у нас равноправие: мужчина имеет право быть одиноким, а женщина этого права не имеет. 40

И. Позднякова

По газете *Советская культура*, 30. 01. 1988 г.

строка́ Zeile – 1 °исключи́тельный außergewöhnlich – 2 °появля́ться/появи́ться на свет das Licht der Welt erblicken – 4 противоречи́вый widersprüchlich – 10 преступле́ние Verbrechen – 14 °стыди́ться *(uv.)* s. schämen – 17 °мать-одино́чка alleinstehende Mutter – 18 счита́ть себя́ кем *(uv.)* sich halten für – 21 °целому́дренная jungfräulich – 30 жесто́кость *(f.)* Grausamkeit – 31 °ка́менный век Steinzeit – 34 °презира́ть *(uv.)* verachten – 36 отка́зываться/отказа́ться от ребёнка das Kind zur Adoption freigeben – 37 броса́ть/бро́сить кого́-либо *hier:* verlassen – 68 °позо́р Schande

Один читатель предлагает судить матерей-одиночек, которые оставляют своих детей в доме ребёнка на постоянное воспитание государства. Но вот другой вопрос: как растить и воспитывать ребёнка одинокой молодой женщине на ежемесячную государственную помощь — 20 рублей. В это же время государство тратит на детдомовского ребёнка 300 рублей в месяц. Где же логика? Хотите, чтобы меньше отказывались от детей, дайте матери-одиночке больше денег.

В. Д. Жулев

По журналу *Огонёк*, № 18, 1988 г.

... в своё время я должна была отдать сына в детский дом, так как моя мать умерла, отец был алкоголиком, а муж отказался от сына ещё до его рождения.

На фабрике, где я работала в три смены, не хотели перевести меня на другой ритм работы. Я от сына не отказывалась, ездила к нему. Когда нашла другую работу и получила комнату, то взяла сына снова к себе. Зарплата у меня была минимальная, помощи никакой, так как не хотела оформляться на работе матерью-одиночкой. В те годы это было позором.

Алёша пошёл в школу, а я — в университет. Много работала, ночами занималась.

А. Х.

По газете *Правда*, 26. 01. 1987 г.

Вопросы и задания (тексты и статистика)

1. Сколько внебрачных детей рождается ежегодно в России?
2. Почему каждый такой случай вызывает острую реакцию у людей? Найдите в текстах слова-оценки таких событий, высказанные различными людьми.
3. Передайте кратко главную мысль каждого письма и по возможности охарактеризуйте его автора.
4. Прокомментируйте строки „Вот какие у нас нравы, вот какое у нас равноправие". О каких нравах и о каком равноправии говорит И. Позднякова?
5. Есть ли, по вашему мнению, в текстах информация, указывающая на то, что общественное мнение об одиноких матерях начинает меняться? Подтвердите ваше мнение примерами из текста.
6. По каким причинам родители отказываются от своих детей?
7. В какие периоды отказных детей становится обычно больше? Почему именно в это время?
8. Какие статистические цифры о количестве таких детей приводятся?
9. Какие организации в России занимаются этой проблемой и почему?
10. Как относится общество к таким матерям?
11. Почему некоторые одинокие матери отказываются от помощи государства?
12. Сколько детей родилось в 1991 году? С чем сравнивается эта цифра?
13. Какое решение предлагается одним из читателей для уменьшения числа отказных детей?
14. Прокомментируйте письмо А. Х., используя информацию всех текстов о положении одинокой матери.

Статистика

Ежегодно во всём мире, по информации Всемирной организации здравоохранения, делается около 30 миллионов абортов, из них почти 8 миллионов — в СССР, хотя население СССР составляет лишь 5—6 процентов от мирового.

По журналу *Огонёк*, № 13, 1988 г.

В 1991 году в государственных медицинских учреждениях было сделано три с половиной миллиона абортов. Это в два раза больше, чем появилось на свет новорожденных. Внебольничные аборты составляют 15,7%. Ежегодно женщинам моложе 17 лет делается более 30 тысяч абортов. В 1991 году аборт стал причиной смерти 276 женщин.

По газете *Независимая газета*, 07. 10. 1992 г.

Отказных детей становится всё больше

Каждый год в Москве примерно двести матерей отказываются от своих детей, оставляя их в родильных домах. В 1990 году было 49 тысяч „отказных" детей, в 1991 году — 59 тысяч. В России больше, чем в других странах домов ребёнка и детских домов. Основной причиной отказа от детей является то, что родители экономически не в состоянии прокормить и одеть собственных детей. Число отказов всегда росло, когда государство попадало в кризисную ситуацию. Такие тенденции были в 20-е, 40-е, 50-е и 90-е годы. И хотя проблема существует уже давно, но никто серьёзно ею в стране никогда не занимался.

По газете *Аргументы и факты*, № 2, 1993 г.

°**Всеми́рная организа́ция здравоохране́ния** Weltgesundheitsorganisation – **населе́ние** Bevölkerung – **учрежде́ние** Institution, Einrichtung – **причи́на сме́рти** Todesursache – °**отка́зные дети** zur Adoption freigegebene Kinder – °**роди́льный дом** Entbindungshaus – °**дом ребёнка** Kinderheim – °**детский дом** Waisenhaus – °**прокорми́ть** *(vo.)* ernähren, unterhalten – °**одева́ть/оде́ть** kleiden

10 Из современной литературы

Самый счастливый день

Рассказ акселератки

Нам задали классное сочинение на тему: „Самый счастливый день в моей жизни".

Я раскрыла тетрадь и стала думать — какой у меня был в жизни самый счастливый день? Я выбрала воскресенье — четыре месяца назад, когда мы с папой утром пошли в кино, а после этого сразу поехали к бабушке. Получилось двойное развлечение. Но наша учительница Марья Ефремовна говорит: человек бывает по-настоящему счастлив только в том случае, когда приносит людям пользу. А какая польза людям от того, что я была в кино, а потом поехала к бабушке? Я могла бы не учитывать мнения Марьи Ефремовны, но мне надо исправить оценку в четверти. Я могла бы иметь и тройку в четверти, но тогда меня не переведут в девятый класс, а отправят в ПТУ. Марья Ефремовна предупредила, что сейчас в стране переизбыток интеллигенции и дефицит в рабочем классе, так что из нас будут создавать фонд квалифицированной рабочей силы.

Я заглянула в тетрадь своей соседки Ленки Коноваловой. Ленка строчила с невероятной скоростью и страстью. Её самый счастливый день был тот, когда её принимали в пионеры.

Я стала вспоминать, как нас принимали в пионеры в Музее погранвойск, и мне не хватило пионерского значка. Шефы и вожатые забегали, но значка так и не нашли. Я сказала: „Да ладно, ничего…" Однако настроение у меня испортилось, и я потом была невнимательна. Нас повели по музею и стали рассказывать его историю, но я ничего не запомнила, кроме того, что мы когда-то делили с японцами какую-то речку и даже разодрались. Однако до войны дело не дошло. А может, я что-то путаю. Я такие вещи вообще не запоминаю. Мне это совершенно не интересно.

Однажды мы с мамой отвели домой пьяного ханурика. Он потерял ботинок и сидел на снегу в одном носке. Мама сказала: нельзя его бросать на улице, может, у него несчастье. Мы спросили, где он живёт, и отвели его по адресу. От этого поступка была наверняка большая польза, потому что человек спал не на сугробе, а у себя дома и семья не волновалась. Но самым счастливым днём это не назовёшь: ну отвели и отвели…

---

1 °акселера́тка Heranwachsende – 4 **раскрыва́ть/раскры́ть (раскро́ю, -ешь)** aufklappen – 9 °**двойно́й** doppelt – 10 °**развлече́ние** Vergnügen – 16 **учи́тывать** *(uv.)* berücksichtigen – 17 **исправля́ть/испра́вить** verbessern – 18 **че́тверть** *(f.)* Viertel, Quartal; *hier:* Viertel des Schuljahres – 20 °**ПТУ** *(Abk.)* Berufsschule – 21 **предупрежда́ть/предупреди́ть (предупрежу́, предупреди́шь)** warnen; hinweisen – 22 °**переизбы́ток** Überschuß – 26 **загля́дывать/загляну́ть** einen Blick werfen – 27 °**строчи́ть** *(uv.; umg.)* hastig schreiben – 28 **страсть** *(f.)* Leidenschaft – 32 °**погранво́йско** Grenztruppe – 33 **значо́к** Abzeichen – °**ше́фы** Paten – **вожа́тый** (Pionier-)Leiter – 35 **одна́ко** jedoch – 40 **дели́ть/раздели́ть** teilen – 41 °**разодра́ться** *(vo.)* sich schlagen – 42 **пу́тать** *(uv.)* durcheinanderbringen – 46 °**хану́рик** *(umg.)* Kerl – 47 °**носо́к** Socke – 51 **посту́пок** Handlung, Tat – 52 °**сугро́б** Schneewehe

1. Какой день в своей жизни выбрала девочка для темы сочинения?
2. Что заставило её вспомнить мнение учительницы на эту тему?
3. Как вы объясните, что ребят принимали в пионеры именно в музее?
4. Как вы думаете, почему девочка не считает самым счастливым тот день, когда она отвела домой пьяного?

Я перегнулась вправо и заглянула в тетрадь Машки Гвоздевой. Она сидит впереди меня. Я там ничего не разобрала, но Машка наверняка пишет, что самый счастливый день был тот, когда у них взорвался испорченный синхрофазотрон и им дали новый. Эта Машка просто помешана на схемах и формулах. У неё выдающиеся математические способности, и она уже знает, куда будет поступать. У неё есть смысл жизни. А у меня единственное, что есть, как говорит Марья Ефремова, — это большой словарный запас, и я легко им орудую. Поэтому мне в музыкальной школе поручают доклады о жизни и творчестве композиторов. Доклад пишет учитель по музыке, а я его зачитываю по бумажке. Например: "Бетховен — плебей, но всё, что он достиг в жизни, он достиг своим трудом…" И ещё я объявляю на концертах, например: „Сонатина Клементи, играет Катя Шубина, класс педагога Россоловского". И это звучит убедительно, потому что у меня рост, цвет лица и фирменные вещи. Цвет лица и фирма мне перешли от мамаши, а рост — непонятно откуда. Я где-то читала, что в современных панельно-блочных домах, не пропускающих воздух, созданы условия, близкие к парниковым, и поэтому дети растут, как парниковые огурцы.

Машка Гвоздева безусловно попадёт в интеллигенцию, потому что от её мозгов гораздо больше пользы, чем от её рук. А у меня ни рук, ни мозгов — один словарный запас. Это даже не литературные способности, просто я много знаю слов, потому что я много читаю. Это у меня от папы. Но знать много слов совершенно не обязательно. Мальчишки в нашем классе вполне обходятся шестью словами: точняк, нормалек, спокуха, не кисло, резко, структура момента. А Ленка Коновалова любую беседу поддерживает двумя предложениями: „Ну да, в общем-то…" и „Ну, в общем-то, конечно…" И этого оказывается вполне достаточно: во-первых, она даёт возможность говорить собеседнику, а это всегда приятно. Во-вторых, поддерживает его сомнения. „Ну да, в общем-то…", „Ну, в общем, конечно".

1 °перегну́ться *(vo.)* sich beugen – 6 **взрыва́ться/взорва́ться** explodieren – °**синхрофазотро́н** Protonensynchrotron – 8 °**поме́шанный** verrückt – 9 °**выдаю́щийся** hervorragend – 10 **поступа́ть в** *(uv.)* hier: (in die Hochschule) eintreten – 13 °**слова́рный запа́с** Wortschatz – 14 **ору́довать чем** *(uv.)* etw. handhaben – 15 **поруча́ть** *(uv.)* beauftragen – **докла́д** Vortrag – 16 **тво́рчество** Schaffen – 18 °**зачи́тывать** *(uv.)* ablesen – 19 °**плебе́й** Plebejer – **достига́ть/дости́чь (дости́гну, дости́гнешь)** erreichen – 21 **объявля́ть/объяви́ть** erklären, ankündigen – 24 **звуча́ть (он звучи́т)/прозвуча́ть** klingen – 25 **фи́рменный** *(umg.)* schick – 28 °**пане́льно-бло́чный** Plattenbau- – 31 °**парнико́вый** Treibhaus- – 33 **попада́ть/попа́сть** gelangen, geraten – 42 °**обходи́ться чем** auskommen mit – **точня́к** *(umg.)* irrer Typ – 43 °**норма́лек** *(umg.)* haut hin – °**споку́ха** *(umg.)* keine Hektik – **ки́слый** sauer, **не ки́сло** *(umg.)* gut – **ре́зкий** scharf – 44 °**структу́ра моме́нта** *(umg.)* momentan – 45 **бесе́да** Gespräch – **подде́рживать** *(uv.) hier:* hinkriegen – 49 °**собесе́дник** Gesprächspartner

1. Согласны ли вы с тем, что у Машки Гвоздевой есть смысл жизни?
2. Что вы думаете о примерах, которые приводит девочка, когда она говорит о своих способностях к языку? Где тут правда, а где ирония?
3. Что вы цените у человека больше: умение говорить или умение слушать?

Неделю назад я слышала по радио передачу о счастье. Там сказали: счастье — это когда что-то хочешь и добиваешься. А очень большое счастье — это когда что-то очень хочешь и добиваешься. Правда, потом, когда добьёшься, — счастье кончается, потому что счастье — это дорога к осуществлению, а не само осуществление.

Что я хочу? Я хочу перейти в девятый класс и хочу дублёнку вместо своей шубы. Она мне велика, и я в ней как в деревянном квадратном ящике. Хотя мальчишки у нас в раздевалке режут бритвой рукава и срезают пуговицы. Так что дублёнку носить в школу рискованно, а больше я никуда не хожу.

А что я очень хочу? Я очень хочу перейти в девятый класс, поступить в МГУ на филологический и познакомиться с артистом К. К. Мама говорит, что в моём возрасте свойственно влюбляться в артистов. Двадцать лет назад она тоже была влюблена в одного артиста до потери пульса, и весь их класс сходил с ума. А сейчас этот артист разжирел как свинья, и просто диву даёшься, что время делает с людьми.

Но мама меня не понимает, я вовсе не влюблена в К. К. Просто он играет Д'Артаньяна, и так он замечательно играет, что кажется, будто К. К. — это и есть сам Д'Артаньян — талантливый, неожиданный, романтический. Не то что наши мальчишки: „точняк", „нормалек", и ниже меня на два сантиметра.

Я смотрела „Мушкетёров" шесть раз. А Рита Погосян — десять раз. Её мама работает при гостинице „Минск" и может доставать билеты куда угодно, не то что мои родители — ничего достать не могут, живут на общих основаниях.

Однажды мы с Ритой дождались К. К. после спектакля, отправились за ним следом, сели в один вагон метро и стали его разглядывать. А когда он смотрел в нашу сторону, мы тут же отводили глаза и фыркали. Рита через знакомых выяснила: К. К. женат и у него есть маленький сын. Хорошо, что сын, а не дочка, потому что девочек любят больше, а на мальчишек тратится меньше нежности, и, значит, часть души остаётся свободной для новой любви. У нас с К. К., правда, большая разница в возрасте — двадцать лет. Через пять лет мне будет восемнадцать, а ему тридцать восемь. Но пусть это будет его проблемой. А молодость ещё никогда и никому не мешала.

Рита сказала, что К. К. — карьерист. В Америке из-за карьеры стреляют в президентов. И ничего. То есть, конечно, „чего", но ещё не такие дела делаются из-за карьеры. Неизвестно — отрицательная это черта или положительная. Мой папа, например, не карьерист, но что-то большого счастья на его лице я не вижу. У него нет жизненного стимула и маленькая зарплата. А деньги — это оценки взрослых людей. Недавно я на классном часе докладывала о политической обстановке в Гондурасе. Честно сказать, какое мне дело до Гондураса, а ему до меня, но Марья Ефремовна сказала, что аполитичных не будут переводить в девятый класс.

Я подготовилась как миленькая и провела политинформацию. Буду я рисковать из-за Гондураса.

Ленка Коновалова перевернула страницу — исписала уже половину тетради. А я всё сижу и шарю в памяти своей самый счастливый день.

В передаче о счастье я запомнила такую фразу: „Перспектива бессонных ночей за штурвалом комбайна…" Может быть, комбайнер тоже был карьерист.

1 **переда́ча** Sendung – 8 °**осуществле́ние** Verwirklichung – 11 °**дублёнка** Lammfelljacke – 14 °**раздева́лка** Garderobe – **бри́тва** Rasierklinge – **рука́в** Ärmel – 15 °**пу́говица** Knopf – 16 **риско́ванный** riskant – 19 **МГУ** (*Abk. v.* Моско́вский Госуда́рственный университе́т) Moskauer Universität – 22 **сво́йственный** eigen, charakteristisch – **влюбля́ться/влюби́ться** sich verlieben – 24 °**до поте́ри пу́льса** (*fig.*) bis zum Umfallen – 25 **сходи́ть/сойти́ с ума́** verrückt werden – 26 °**разжире́ть** (*vo.*) fett werden – **свинья́** Schwein – 27 °**ди́ву дава́ться** (*fig.*) staunen – 34 **неожи́данный** unerwartet – 37 „**Мушкетёры**" „Musketiere" – 42 °**общие основа́ния** normale Umstände – 44 °**сле́дом** hinterher – 46 **разгля́дывать/разгляде́ть** anstarren – 48 °**фы́ркать** (*uv.*) losprusten – 52 °**не́жность** (*f.*) Zärtlichkeit – 64 °**отрица́тельный** negativ – 65 **черта́** Zug; Linie – **положи́тельный** positiv – 68 °**сти́мул** Antrieb – 81 °**ша́рить** (*uv.*) herumtasten – 84 °**бессо́нный** schlaflos – 85 °**штурва́л** Steuer – **комба́йн** Mähdrescher

1. Какую характеристику счастья услышала девочка по радио? Согласны ли вы с этой характеристикой?
2. Охарактеризуйте отношение девочки к актёру К. К.
3. Что девочка думает о карьере?
4. Какие у неё конкретные планы на будущее?
5. Какую роль играют деньги у взрослых по мнению девочки?
6. Как вы думаете, почему в передаче о счастье говорили о комбайнере?

Вообще, если честно, мои самые счастливые дни — это когда я возвращаюсь из школы и никого нет дома. Я люблю свою маму. Она на меня не давит, не заставляет заниматься музыкой и есть с хлебом. При ней я могу делать то же самое, что и без неё. Но всё-таки это — не то. Она, например, ужасно неаккуратно ставит иглу на пластинку, и через динамики раздаётся оглушительный треск, и мне кажется, что иголка царапает моё сердце. Я спрашиваю: „Нормально ставить ты не можешь?" Она отвечает: „Я нормально ставлю". И так каждый раз.

Когда её нет дома, в дверях записка: „Ключи под ковриком. Еда на плите. Буду в шесть. Ты дура. Целую, мама".

Я читала в газете, что Москва занимает последнее место в мире по проценту преступности. То есть Москва — самая спокойная столица в мире. И это правда.

4 °**дави́ть** (*uv.*) drücken – 8 **неаккура́тный** unordentlich – 9 °**игла́** Nadel – **пласти́нка** Schallplatte – 10 °**дина́мик** Lautsprecher – °**оглуши́тельный** ohrenbetäubend – 11 °**треск** Knacken – 12 °**цара́пать** (*uv.*) kratzen – 16 **запи́ска** Zettel – 17 °**ко́врик** (*Dim. v.* ковёр) *hier:* Fußabtreter – **плита́** Herdplatte – 18 °**ду́ра** Dummchen – 20 °**престу́пность** (*f.*) Kriminalität

Из современной литературы

Я убедилась на собственном опыте. Если бы самый плохонький воришка-дилетант и даже просто любопытный, с дурными наклонностями человек прошёл по нашей лестнице и прочитал мамину записку, то получил бы точную инструкцию: ключи под ковриком. Открывай дверь и заходи. Еда на плите — разогревай и обедай. А хозяева явятся в шесть. Так что можно не торопиться и даже отдохнуть в кресле с газетой, а около шести — уйти, прихватив папины джинсы, кожаный пиджак и мамину дублёнку, отделанную аляскинским волком. Больше ничего ценного в нашем доме нет, потому что мы — интеллигенция и живём только на то, что зарабатываем.

Мама говорит: когда человек боится, что его обворуют, его обязательно обворуют. В жизни всегда случается именно то, чего человек боится. Поэтому никогда не надо бояться. И это точно. Если я боюсь, что меня спросят, — меня обязательно спрашивают.

Когда я выхожу из лифта и вижу записку, я радуюсь возможности жить как хочу и ни к кому не приспосабливаться. Я вхожу в дом. Ничего не разогреваю, а ем прямо со сковороды, руками и в шубе. И стоя. Холодное — гораздо вкуснее. Горячее — отбивает вкус.

Потом я включаю проигрыватель на полную мощность и зову в гости Ленку Коновалову. Мы с ней вырываем из шкафа все мамины платья, начинаем мерить их и танцевать. Мы танцуем в длинных платьях, а ансамбль „Синяя птица" надрывается: „Не о-би-жайся на меня, не обижа-а-а-йся, и не жалей, и не зови, не достучишься до любви". А в окно хлещет солнце.

Потом Ленка уходит. Я сажусь в кресло, закутываюсь в плед и читаю. Сейчас я читаю две книги: рассказы Хулио Кортасара и пьесы Александра Вампилова. Эти книги маме подарили её подхалимы.

У Вампилова мне очень нравится: „Папа, к нам пришёл гость и ещё один". А папа отвечает: „Васенька, гость и ещё один — это два гостя…" Я читаю и вижу перед глазами К. К., и мне бывает грустно, что всё-таки он женат и у нас большая разница в возрасте.

А у Кортасара в рассказе „Конец игры" есть слова „невыразимо прекрасно". Они так действуют на меня, что я поднимаю глаза и думаю. Иногда мне кажется, что жить — невыразимо прекрасно. А иногда мне становится всё неинтересно, и я спрашиваю у мамы: „А зачем люди живут?" Она говорит: „Для страданий. Страдания — это норма". А папа говорит: „Это норма для дураков. Человек создан для счастья". Мама говорит: „Ты забыл добавить — как птица для полёта. И ещё можешь сказать — жалость унижает человека". Папа говорит: „Конечно, унижает, потому что на жалость рассчитывают только дураки и дуры. Умные рассчитывают на себя". А мама говорит, что жалость — это сострадание, соучастие в страдании, и на нём держится мир, и это тоже талант, который доступен не многим, даже умным.

Но спорят они редко, потому что редко видятся. Когда папа вечерами дома — мамы нет. И наоборот. Если мамы нет — папа читает газеты и смотрит по телевизору хоккей. (У нас была няня, которая не выговаривала „хоккей" и произносила „фокея"). Посмотрев фокею, прочитав газеты, папа требует мой дневник и начинает орать на меня так, будто я глухая или нахожусь в соседней квартире, а он хочет, чтобы я услышала его через стенку. Когда папа кричит, я почему-то не боюсь, а просто хуже понимаю. Мне хочется попросить: „Не кричи, пожалуйста, говори спокойно". Но я молчу и только моргаю.

---

24 °пло́хонький (*Dim. v.* пло́хо) *hier:* dümmlich – °вори́шка (*Dim. v.* вор) kleiner Dieb – 25 **любопы́тный** neugierig – **дурно́й** schlecht, übel – 26 °накло́нность (*f.*) Neigung – 30 °разогре́ть (*vo.*) aufwärmen – 33 °прихвати́ть (*vo.; umg.*) mitnehmen – 34 **ко́жаный** ledern – 35 °отде́лать (*vo.*) besetzen, säumen

°аля́скинский волк Alaskawolf – 36 це́нный wertvoll – 41 °обворова́ть *(vo.)* bestehlen – 49 °приспоса́бливаться *(uv.)* sich anpassen – 51 °сковорода́ Pfanne – 53 °отбива́ть *(uv.)* vertreiben – 54 °прои́грыватель *(m.)* Plattenspieler – 55 °мо́щность *(f.)* Stärke – 56 вырыва́ть/вы́рвать herausreißen – 58 ме́рить *(uv.) hier:* anprobieren – 60 надрыва́ться *(uv.)* sich anstrengen – 62 °достуча́ться *(vo.; fig.)* erlangen – 63 хлеста́ть *(uv.) hier:* strömen – 65 заку́тываться *(uv.)* sich einhüllen – °плед Decke – 68 подхали́м Speichellecker – 89 жа́лость *(f.)* Mitleid – унижа́ть *(uv.)* erniedrigen – 91 °рассчи́тывать на *(uv.)* rechnen mit – 94 соуча́стие Teilnahme – 96 °досту́пный zugänglich – 106 °ора́ть *(uv.)* brüllen – глухо́й taub – 112 °морга́ть *(uv.)* blinzeln

1. Почему девочка чувствует себя счастливой, когда никого нет дома?
2. Несмотря на хорошие отношения с родителями, возникают проблемы. Назовите некоторые из них.
3. Назовите положительные стороны жизни в то время. Попробуйте объяснить, почему это было возможно.
4. Как вы понимаете слова папы и мамы о смысле жизни? В чём разница?
5. Опишите роль отца в этой семье. Как вы думаете, является ли такой отец типично русским?

Иногда мама приходит довольно поздно, однако раньше отца. Она видит, что его дублёнки нет на вешалке, ужасно радуется. Быстро переодевается в пижаму, и мы с ней начинаем танцевать на ковре посреди комнаты, вскидывая ноги, как ненормальные, обе в пижамах и босиком. У мамы пижама в ромбик, а у меня в горошек. Мы ликуем, но шёпотом, сильно разевая рты, и нам бывает невыразимо прекрасно.

А когда у мамы библиотечные дни и она целый день дома, готовит еду на несколько дней, а отца нет до позднего вечера, — вот тут-то она появляется у меня в комнате, не учитывая, что мне надо спать, а не разговаривать, и начинает из меня варить воду.

Она говорит:

— По-моему, он от нас ушёл.

Я говорю:

— А как же кожаный пиджак и джинсы? Без них он не уйдёт.

— Но он может прийти за ними позже.

— Глупости, — говорю я. — От меня он никуда не денется.

Однако я пугаюсь, и у меня начинает гудеть под ложечкой и щипать в носу. Я не представляю своей жизни без отца. Я скачусь на одни тройки и двойки. Я вообще брошу школу и разложусь на элементы. Я получаю хорошие оценки исключительно ради отца, чтобы ему было приятно. А мне самой хватило бы и троек. И маме тоже хватило бы. Она рассуждает так: „Три — это удовлетворительно. Значит, государство удовлетворено".

— Я с ним разведусь, — говорит мама.

— Причина?

— Он мне не помогает. Я сама зарабатываю деньги. Сама стою в очередях и сама таскаю кошёлки.

— А раньше было по-другому?

— Нет. Так было всегда.

— Тогда почему ты не развелась с ним раньше, десять лет назад?

3 ве́шалка Kleiderhaken – 6 °вски́дывать *(uv.)* hochwerfen – 7 босико́м barfuß – 9 в горо́шек gepunktet – °ликова́ть *(uv.)* jubeln – шёпот Flüstern – 10 разева́ть *(uv.; umg.)* aufreißen – 13 еда́ Essen – 18 °вари́ть во́ду из *(uv.; umg.)* auf den Wecker gehen – 26 °де́ться *(vo.) hier:* im Stich lassen – 28 °гуде́ть *(uv.)* dröhnen – °ло́жечка *(Dim. v. ло́жка) hier:* Herzgrube – °щипа́ть *(uv.)* jucken – 29 °скати́ться *(vo.)* abrutschen – 31 °разложи́ться *(vo.)* zerfallen – 32 исключи́тельный ausschließlich – 33 ра́ди чего́ wegen – 36 °удовлетвори́тельный befriedigend – 38 °развести́сь *(vo.)* sich scheiden lassen – 42 кошёлка (geflochtene) Tasche

Из современной литературы

— Я хотела обеспечить тебе детство.

— Значит, когда я была маленькая и ничего не понимала, ты обеспечивала мне детство. А сейчас, когда я выросла, ты хочешь лишить меня близкого человека. Это предательство с твоей стороны.

— Ну и пусть.

— Нет, не пусть. Тогда я тоже не буду с тобой считаться.

— У тебя впереди вся жизнь. А мне тоже хочется счастья.

Я не понимаю, как можно в тридцать пять лет, имея ребенка, хотеть какого-то ещё счастья для себя. Но сказать так — не тактично. И я говорю:

— А где ты видела счастливых на все сто процентов? Вон тётя Нина моложе тебя на пять лет, худее на десять килограмм, однако без мужа живёт и ездит каждый день на работу на двух видах транспорта, полтора часа в один конец. И занимается каким-то химическим машиностроением, чтобы заработать на кусок хлеба. А ты — работаешь через дорогу, любишь свою работу, все тебя уважают. Занимаешь своё место в жизни. Вот уже пятьдесят процентов. Я — удачный ребёнок. Здоровый и развитый. Ещё сорок пять. Ничем не болеешь — один процент. Вот тебе уже девяносто шесть процентов счастья, остаётся четыре процента… Но где ты видела счастливых на сто процентов? Назови хоть кого-нибудь.

Мама молчит, раздумывает — кого назвать. И в самом деле — никто не счастлив на сто процентов. „В каждой избушке свои погремушки". Или как я где-то вычитала: „У каждого в шкафу свой труп". Но маму не утешает чужое недосчастье. Она хочет свои недостающие четыре процента вместо первых пятидесяти. Сидит на моей постели и дрожит, как сирота. Я говорю:

— Ложись со мной. Я тебя присплю.

Она ложится ко мне под одеяло. Ступни у неё холодные, и она суёт их мне в ноги, как эгоистка. Но я терплю. На мой глаз капает её слеза. Я опять терплю. Я её очень люблю. У меня даже всё болит внутри от любви. Но я понимаю, что, если её начать жалеть, она раскиснет ещё больше. И я говорю:

— Поди посмотри на себя в зеркало при свете дня. Ну кому ты нужна, кроме нас с папой? Ты должна жить для нас.

Но вообще, честно сказать, я считаю: человек должен быть эгоистом. Карьерист и эгоист. Чтобы ему было хорошо. Потому что когда ему хорошо, то и другим вокруг него тоже хорошо. А если одному плохо, то и остальным пасмурно. Так ведь не бывает, чтобы человек горел на костре, а вокруг него его ближние водили хороводы.

---

47 **обеспе́чивать/обеспе́чить** (ab)sichern – 51 °**лиши́ть кого чего** *(vo.)* j-m etw. wegnehmen – 52 **преда́тельство** Verrat – 62 °**такти́чный** taktvoll – 64 **вон** da – 65 **худо́й** mager – 68 °**в оди́н коне́ц** in eine Richtung – 82 °**разду́мывать** *(uv.)* überlegen – 85 **избу́шка** Hüttchen – °**погрему́шка** Klapper, Spielzeug – 87 °**труп** Leiche – °**утеша́ть** *(uv.)* trösten – 88 **недосча́стье** unvollkommenes Glück – °**недостаю́щий** fehlend – 90 **дрожа́ть** *(uv.)* zittern – 91 °**сирота́** Waise – 92 **приспа́ть** *(vo.)* zum Einschlafen bringen – 93 °**ступня́** Fußsohle – 94 **сова́ть (сую́, суёшь)/су́нуть** hineinstecken – 95 **терпе́ть (терплю́, те́рпишь)/потерпе́ть** erdulden – 96 °**ка́пать** *(uv.)* tropfen – **слеза́** *(Pl.* **слёзы)** Träne – 99 °**раски́снуть** *(vo.; umg.)* schlappmachen – 101 °**поди́** geh! – 109 **па́смурный** trübe, finster – 111 **костёр** Lagerfeuer – 112 °**хорово́д** Reigen

1. Перескажите своими словами отношение девочки к матери и к отцу. Почему она не хочет, чтобы родители развелись?
2. Какие аргументы приводит девочка, чтобы успокоить мать? Почему мать не согласна с ней?
3. А как вы думаете, должна ли мать быть счастливой?
4. „Человек должен быть эгоистом". Какое у вас мнение об этом?

Тихо скрипит ключ, это папа осторожно вводит ключ в замок, чтобы нас не разбудить. Потом он на цыпочках входит в прихожую, стоит какое-то время, видимо, раздевается. И так же на цыпочках идёт в свою комнату, и половицы виновато поскрипывают. Как-то бабушка сказала, что папа себя не нашёл. И когда он ступает на цыпочках, мне кажется — он ходит и ищет себя, не зажигая свет, заглядывая во все углы. И мне его ужасно жалко. А вдруг и я не найду себя до сорока лет и не буду знать, куда себя девать.

Заслышав папины шаги, мама успокаивается, и засыпает на моём плече, и дышит мне в щёку. Я обнимаю её и держу как драгоценность. Я лежу и думаю: хоть бы она скорее растолстела, что ли... Я мечтаю, чтобы мои родители постарели и растолстели, тогда — кому они будут нужны, толстые и старые? Только друг другу. И мне. А сейчас они носятся колбасой, худы и в джинсах. Мне иногда кажется, что одна нога каждого из них зарыта, а другой они бегут в разные стороны. Но куда убежишь с зарытой ногой?

Между прочим, у Ленкиной мамаши вообще нет мужа, трое детей — все от разных отцов, слепая бабка, две кошки и щенок. Однако у них в доме — шумно, хламно и весело. Может быть, потому, что Ленкиной мамаше некогда в гору глянуть. Когда у человека остаётся свободное время, он начинает думать. А если начать думать, обязательно до чего-нибудь додумаешься.

Однажды, год назад, на нашей улице маленький мальчишка попал под машину. Все побежали смотреть, а я побежала домой. Я тогда ужасно испугалась, но не за себя, а за моих родителей. Я и сейчас боюсь: вдруг со мной что-нибудь случится, попаду под машину или вырасту и выйду замуж? На кого я их оставлю? И что они будут делать без меня?...

1 °скрипе́ть (uv.) quietschen – 3 °цы́почки (Pl.) Zehenspitzen – 4 °прихо́жая Flur – 6 °полови́ца Dielenbrett – 7 °поскри́пывать (uv.) leicht knarren – 9 ступа́ть/ступи́ть schreiten – 10 зажига́ть/заже́чь (зажгу́, зажжёшь) anzünden – 15 засыпа́ть/засну́ть einschlafen – 16 щека́ Wange – обнима́ть/обня́ть (обниму́, обни́мешь) umarmen – 17 °драгоце́нность (f.) Kostbarkeit – 18 °растолсте́ть (vo.) dick werden – 22 °носи́ться колбасо́й (umg.) rennen – 25 °зары́тый eingegraben – 30 слепо́й blind – °ба́бка (Dim. v. бабушка) Großmutter – 31 °щено́к Welpe – 32 °хла́мный chaotisch – 33 в го́ру гля́нуть (fig.) Trübsal blasen

1. Почему девочка хочет, чтобы родители „постарели и растолстели"?
2. Как вы думаете, многие ли подростки думают также?
3. Как она понимает свою роль в семье?
4. Выскажите своё мнение об этой семье.

Загоруйко подошёл к Марье Ефремовне и сдал тетрадь. Наверное, для него самый счастливый день будет тот, когда „битлсы" снова объединятся в ансамбль. Загоруйко знает все современные зарубежные ансамбли: „Кисси", „Квины", „Бони М". А я только знаю: „Бетховен плебей...", серенаду Шумана по нотам и кое-что по слуху.

Я посмотрела на часы. Осталось шестнадцать минут. Раздумывать больше некогда, иначе мне поставят двойку, не переведут в девятый класс, и я буду токарь-наладчик или буду швея-мотористка. Швея с большим словарным запасом.

Я решила написать, как мы сажали вокруг школы деревья. Где-то я прочи-

4 объединя́ться/объедини́ться sich vereinigen – 5 зарубе́жный ausländisch – 14 °то́карь-нала́дчик Dreher – °швея́-мотори́стка Näherin – 17 сажа́ть/посади́ть pflanzen

тала: каждый человек за свою жизнь должен посадить дерево, родить ребёнка и написать книгу о времени, в котором он жил.

Я вспомнила, как тащила полное ведро чернозёма, чтобы засыпать в лунку и дерево лучше прижилось. Подошёл Загоруйко и предложил:

— Давай помогу.

— Обойдусь, — отказалась я и поволокла ведро дальше. Потом я высыпала землю в лунку и разжала ладони. На ладонях был след от дужки ведра — глубокий и синий. Плечи ныли, и даже ныли кишки в животе.

— Устала, — сообщила я окружающим с трагическим достоинством.

— Так и знал! — ехидно обрадовался Загоруйко. — Сначала пижонила, а теперь хвастаться будет.

Противный этот Загоруйко. Что думает, то и говорит, хотя воспитание дано человеку именно для того, чтобы скрывать свои истинные чувства. В том случае, когда они неуместны.

Но что бы там ни было, а дерево прижилось и останется будущим поколениям. И значит, за содержание Марья Ефремовна поставит мне пятёрку, а ошибок у меня почти не бывает. У меня врождённая грамотность.

Я снова посмотрела на часы. Осталось одиннадцать минут. Я встряхнула ручкой, она у меня перьевая, а не шариковая, и принялась писать о том дне, когда мы с папой пошли утром в кино, а после поехали к бабушке. И пусть Марья Ефремовна ставит мне что хочет. Всё равно ни эгоистки, ни карьеристки из меня не получится. Буду жить на общих основаниях.

Я написала, что кинокомедия была ужасно смешная, с Дефюнесом в главной роли, и мы так хохотали, что на нас даже оборачивались, и кто-то постучал в мою спину согнутым пальцем, как в дверь. А у бабушки было как всегда. Мы сидели на кухне и ели очень вкусную рыбу (хотя мама утверждает, что бабушкина рыба — несолёная и пахнет аммиаком, будто её вымачивали в моче). Но дело ведь не в еде, а в обстановке. Меня все любили и откровенно мною восхищались. И я тоже всех любила на сто процентов и тем самым приносила огромную пользу. У меня глаза папины, у папы — бабушкины — карие, бровки домиком. Мы глядели друг на друга одними и теми же глазами и чувствовали одно и то же. И были как дерево: бабушка — корни, папа — ствол, а я — ветки, которые тянутся к солнцу.

И это было невыразимо прекрасно.

Конечно, это был не самый счастливый день в моей жизни. Просто счастливый. А самого счастливого дня у меня ещё не было. Он у меня — впереди.

Виктория Токарева, „Самый счастливый день" из *Ничего особенного*, Советский писатель, Москва 1983 г.

---

23 **ведро́** Eimer – 24 °**чернозём** Schwarzerde – °**засы́пать** (vo.) schütten – °**лу́нка** Grube – 25 **прижи́ться** (vo.) anwachsen – 28 °**поволо́чь** (vo.; umg.) schleppen – 29 °**вы́сыпать** (vo.) ausschütten – 30 °**разжа́ть** (vo.) öffnen – **ладо́нь** (f.) Handfläche – 31 °**ду́жка** Bügel – 32 **ныть** (uv.) schmerzen – 33 °**кишка́** Darm – °**живо́т** Bauch – 35 **досто́инство** Würde – 36 °**ехи́дный** boshaft – 37 °**пижо́нить** (uv.; umg.) sich aufblasen – 38 °**хва́статься** (uv.) prahlen – 39 **проти́вный** widerlich – 42 °**и́стинный** wahr – 43 °**неуме́стный** unangebracht – 48 °**врождённый** angeboren – °**гра́мотность** (f.) Sprachfertigkeit – 51 **встряхну́ть** (vo.) schütteln – 52 °**перьево́й** Feder- – °**ша́риковый** Kugel- – 53 °**приня́ться** (vo.) sich machen an – 62 °**хохота́ть** (uv.) lachen – 63 **обора́чиваться/оберну́ться** sich wenden – **стуча́ть/постуча́ть** klopfen – 64 °**со́гнутый** gekrümmt – 68 °**несолёный** ungesalzen – °**аммиа́к** Ammoniak – 69 °**выма́чивать** (uv.) marinieren – °**моча́** Harn – 71 **восхища́ться/восхити́ться** кем entzückt sein von – 75 °**ка́рий** braun – °**бро́вка** (Dim. v. бровь) Braue – 78 **ко́рень** (m.) Wurzel – °**ствол** Stamm – 79 °**ве́тка** Zweig